As Vespas
As Aves
As Rãs

A COMÉDIA GREGA

vol. 1	ARISTÓFANES	As Nuvens, Só para Mulheres, Um Deus Chamado Dinheiro
vol. 2	ARISTÓFANES	As Vespas, As Aves, As Rãs
vol. 3	ARISTÓFANES	A Greve do Sexo, A Revolução das Mulheres

A TRAGÉDIA GREGA

vol. 1	SÓFOCLES	*A Trilogia Tebana* Édipo Rei, Édipo em Colono, Antígona
vol. 2	ÉSQUILO	*Oréstia* Agamêmnon, Coéforas, Eumênides
vol. 3	EURÍPIDES	Medéia, Hipólito, As Troianas
vol. 4	ÉSQUILO	Os Persas
	SÓFOCLES	Electra
	EURÍPIDES	Hécuba
vol. 5	EURÍPIDES	Ifigênia em Áulis, As Fenícias, As Bacantes
vol. 6	ÉSQUILO	Prometeu Acorrentado
	SÓFOCLES	Ájax
	EURÍPIDES	Alceste

ARISTÓFANES

AS VESPAS
AS AVES
AS RÃS

Tradução do grego, introdução e notas:
MÁRIO DA GAMA KURY

3ª edição

ZAHAR

Jorge Zahar Editor Ltda.
rua Marquês de S. Vicente 99 – 1º | 22451-041 Rio de Janeiro, RJ
tel (21) 2529-4750 | fax (21) 2529-4787
editora@zahar.com.br | www.zahar.com.br

Edições anteriores: 1996, 2000

Capa: Sérgio Campante
Composição: TopTextos Edições Gráficas

CIP-Brasil. Catalogação-na-fonte
Sindicato Nacional dos Editores de Livros, RJ.

Aristófanes, c.455-c.375 a.C.
A749v As vespas; As aves; As rãs / Aristófanes; tradução
3.ed. do grego, introdução e notas de Mário da Gama Kury.
— 3.ed. — Rio de Janeiro: Zahar, 2004.
(A comédia grega; v.2)

Tradução dos originais gregos
ISBN 978-85-7110-356-6

1. Teatro grego (Comédia). I. Kury, Mário da Gama. II. Título. III. Título: As aves. IV. Título: As rãs. V. Série.

CDD: 882
04-1514 CDU: 821.14'02-2

Sumário

Introdução

Aristófanes, o mais famoso comediógrafo da Antiguidade grega e até hoje apreciado por leitores e espectadores incontáveis, nasceu em Atenas aproximadamente em 455 a.C., e lá morreu em torno de 375 a.C. Das 44 comédias por ele escritas 11 chegaram até nossos dias: *Os acarnenses*, representada em Atenas pela primeira vez em 425 a.C.; *Os cavaleiros* (424); *As nuvens* (423); *As vespas* (422); *A paz* (421); *As aves* (414); *A greve do sexo* (ou *Lisístrata*) (411); *Só para mulheres* (ou *Tesmoforiazusas*) (411); *As rãs* (405); *A revolução das mulheres* (ou *Eclesiazusas*) (392); e *Um deus chamado dinheiro* (ou *Pluto*) (388).

Na época de Aristófanes a comédia em Atenas, além de divertir, correspondia de certo modo à imprensa de hoje. Nela eram objeto de crítica as instituições políticas de um modo geral e principalmente a corrupção dos políticos, os abusos de autoridade, as peças de teatro etc. A linguagem da comédia era desabrida e contundente, muito diferente daquela da tragédia, à exceção do lirismo de alguns coros encantadores. Havia comunicação direta entre o autor e os espectadores, usando-se o corifeu (em vez do autor), que se dirigia à platéia na parábase (salvo as últimas peças que, em função dos governos discricionários impostos após a derrota dos atenienses pelos espartanos, não tinham esta parte).

As Comédias Traduzidas

1. As vespas (estreada em 422 a.C. em Atenas, obtendo o primeiro ou segundo lugar). A comédia é uma sátira ao sistema ateniense de tribunais do Júri. Naquela época esta instituição proporcionava, graças ao pagamento de três óbolos por dia de presença às sessões, o meio principal de subsistência para grande número de cidadãos atenienses. Filoclêon (que significa "amigo de Clêon", orador, general, político controvertido, demagogo corrupto) é fanático pelas sessões do tribunal. Seu filho Bdeliclêon ("inimigo de Clêon") tenta curá-lo de sua mania judicatória e, como último recurso, segrega-o em sua própria casa. Os componentes do coro (velhos jurados como Filoclêon) chegam em frente à sua casa, fantasiados de vespas, antes do amanhecer para levá-lo com eles ao Tribunal, e o ajudam como podem em sua tentativa de escapar da "prisão domiciliar" a que o filho o sujeita.

Há uma escaramuça entre os jurados e os escravos de Bdeliclêon, seguindo-se uma discussão entre Filoclêon e Bdeliclêon quanto aos méritos e defeitos da instituição do Júri, na qual Filoclêon a defende alegando os benefícios que obtém pessoalmente graças ao sistema. Rebatendo, Bdeliclêon demonstra que na realidade os jurados são meros instrumentos dos governantes, que desviam em benefício próprio o grosso da arrecadação destinada a alimentar o povo necessitado. O coro se deixa convencer e persuade Filoclêon a julgar somente os casos ocorrentes em seu próprio lar, começando pelo de Labes, o cão de guarda da casa, que furtou um queijo na despensa. Graças a um ardil do filho, Filoclêon é induzido sem perceber a absolver o "criminoso", o primeiro réu que ele deixava em liberdade em toda a sua longa vida de jurado. Bdeliclêon então resolve reeducar o pai para a vida social, e melhorar as suas roupas e maneiras, passando a levá-lo a jantares. Os resultados são desastrosos, pois Filoclêon embriaga-se, insultando os demais convidados, pondo-se afinal à frente dos componentes do coro para dançar indecentemente.

Racine imitou livremente esta comédia em sua peça *Les plaideurs.*

2. As aves (estreada em 414 a.C. em Atenas, obtendo o segundo lugar). Euelpides e Pistêtairo, saturados da vida em Atenas e preocupados com os maus políticos, saem à procura do rei Tereu, que se transformara numa poupa, a fim de consultá-lo quanto ao melhor lugar onde poderiam viver. A poupa sugeriu vários lugares, mas nenhum satisfez aos recém-chegados. Pistêtairo teve então uma idéia brilhante: reunir todas as aves e construir uma grande cidade amuralhada em pleno ar. Dessa cidade eles governariam ao mesmo tempo os homens e os deuses, pois controlariam o suprimento de alimentos para uns e outros. O coro das aves, a princípio hostil, aceita afinal a sugestão, e todos começam a construir a cidade sob a direção de Pistêtairo e Euelpides, que ganham asas para viverem a sua nova vida. Mas começam a chegar visitantes indesejáveis: um poeta-parasita, com um hino em honra à nova cidade; um declamador de oráculos; Mêton (astrônomo famoso na época), para traçar os planos da nova cidade; e um inspetor.

A nova cidade, que recebeu o nome de Nefelococigia (Cucolândia-nas-Nuvens), fica pronta e aparece um guarda que acabara de deter Íris, a mensageira de Zeus, a caminho da Terra para descobrir por que já não se faziam sacrifícios aos deuses lá. O guarda pede o passaporte de Íris, mas ela não sabe o que fazer e sai chorando para ir queixar-se a Zeus, seu pai. Em seguida todas as criaturas humanas contraem a mania de ser aves e querem ter logo asas: Cinésias, um poeta lírico, veio porque desejava pairar nas alturas valendo-se de asas etéreas; um sicofante (delator profissional), desejoso de conseguir asas úteis em seu serviço; Prometeu, ocultando-se de Zeus, aparece para dizer que já faltam alimentos para os deuses porque os homens não fazem mais sacrifícios a eles, e recomenda a Pistêtairo que imponha condições duras a Zeus e obtenha sua filha, a Soberania, para esposa.

Chegam embaixadores de Zeus, mas Pistêtairo é proclamado o deus mais alto em meio aos preparativos para seu casamento com a Soberania.

3. **As rãs** (estreada em 405 a.C. em Atenas, obtendo o primeiro lugar). Ésquilo e Eurípides já estavam mortos havia alguns anos; Sófocles acabara de morrer; não havia qualquer poeta trágico à altura deles. Dioniso, que estivera presente à batalha de Arginusas e se disfarçara em Heraclés, vai para o Hades (o Inferno, e também o deus maior do próprio Inferno), a fim de trazer de lá, de volta à vida, um dos dois grandes autores trágicos. Quando Dioniso chega ao Inferno vê que está havendo uma competição entre Ésquilo e Eurípides pelo trono da Tragédia, e é convidado por Hades para decidir qual dos dois é o melhor. Cada um dos trágicos ataca as peças do outro, e a comédia apresenta um exercício de crítica literária (às vezes sob o disfarce de jocosidade), e uma paródia ótima dos métodos literários de ambos. O rótulo "perdeu sua garrafinha", que Ésquilo apõe a cada um dos prólogos de Eurípides, tornou-se proverbial por causa desta comédia. Finalmente Ésquilo é escolhido porque sua poesia "pesou mais na balança". Esta decisão não significa que Eurípides seja mau poeta aos olhos de Aristófanes, porém Ésquilo é o maior dos dois. A peça tira seu título de um coro de rãs que coaxam enquanto Cáron (o barqueiro do Inferno) transporta Dioniso em sua barca através de um pântano. O coro principal compõe-se de iniciados nos Mistérios.

Muitos contemporâneos de Aristófanes não lhe deram o devido valor, pois só lhe concederam a palma da vitória nos concursos oficiais de comédias em três de suas peças conservadas: *Os acarnenses*, *Os cavaleiros* e *As rãs*. Porém, um deles (talvez o mais ilustre) prestou-lhe uma homenagem consagradora, que os leitores e os espectadores de suas obras vêm reiterando há quase dois milênios e meio. Platão, o mais famoso dos habitantes de Atenas na época, dedicou-lhe um epigrama que chegou até nós:

> "As Graças procuravam um altar perene;
> acharam-no na inteligência de Aristófanes."
>
> (*Antologia grega*, edição de Cougny, vol.III, p.293, Paris, reimpressão de 1927).

Além de seu valor intrínseco, as comédias de Aristófanes são a fonte mais autêntica para a reconstrução de detalhes da vida cotidiana em Atenas na época clássica.

Reproduzimos na tradução, tanto quanto possível, a linguagem forte do original, característica de Comédia Antiga, sem contribuir com qualquer acréscimo nosso.

Seguimos basicamente o texto da edição preparada por Bergk para a coleção Teubner, Leipzig, 1867-92, 2 vols.

Rio, agosto de 1995
MÁRIO DA GAMA KURY

AS VESPAS

Época da ação: Século V a.C.
Local: Atenas
Primeira representação: 422 a.C., em Atenas

PERSONAGENS

SOSIAS, XANTIAS — Escravos de Filoclêon
FILOCLÊON
BDELICLÊON
CORIFEU
CORO de velhos fantasiados de vespas
MENINOS
FLAUTISTA (mulher, personagem muda)
PADEIRA
CAIREFON (testemunha, personagem mudo)
ACUSADOR
TESTEMUNHA (personagem mudo)
CONVIDADO
DANÇARINOS (dois, personagens mudos)

Cenário

A casa de FILOCLÊON, *em Atenas; a ação começa de madrugada; a casa está cercada por uma rede por todos os lados; no terraço* BDELICLÊON *está deitado e adormecido; embaixo, em frente à porta de entrada,* XANTIAS *e* SOSIAS *estão sentados, um de cada lado da porta; um deles está tentando resistir ao sono, enquanto o outro dorme.*

SOSIAS

Despertando XANTIAS.

Você aí! Qual é o caso, Xantias infeliz?

XANTIAS

Estou tentando descansar desta vigília noturna.

SOSIAS

Suas costas mereciam um bom castigo. Você sabe ao menos que espécie de animal estamos vigiando?

XANTIAS

Sei, sim, mas o que eu quero mesmo é dormir mais um pouquinho.

SOSIAS

Então corra o risco; eu mesmo sinto um sono gostoso querendo fechar minhas pálpebras...

XANTIAS

Você está delirando ou com o diabo no corpo[1]?

SOSIAS

Não é nada disso; estou cheio do sono que um bom trago dá.

XANTIAS

Então você adora o mesmo deus que eu, pois agora mesmo um sono pesado está puxando minhas pálpebras para baixo como se fosse um inimigo, e acabo de ter um sonho maravilhoso.

SOSIAS

Eu também tive um como nunca tinha tido. Mas me conte primeiro o seu.

XANTIAS

Vi uma águia enorme descer na praça pública, pegar com as garras dela um escudo de bronze e levá-lo até o céu; depois vi o mesmo escudo cair das mãos do covarde Cleônimo[2].

SOSIAS

Mas alguém pode perguntar: como o mesmo covarde pode abandonar seu escudo em terra, no céu e no mar?

XANTIAS

Coitado de mim! Que desgraças devo esperar depois de um sonho destes?

SOSIAS

Não se inquiete; juro que você não tem nada a temer.

XANTIAS

É... Mas um homem jogar suas armas fora é uma coisa horrível. Então me conte o seu sonho.

SOSIAS

O meu sonho foi comprido; ele tem a ver com a nau oficial[3].

XANTIAS

Me conte pelo menos o principal.

SOSIAS

Durante o primeiro sono me pareceu que eu via um bando de carneiros reunidos na Pnix[4], com togas e bastões[5], e no meio dos carneiros havia uma baleia enfurecida; os guinchos dela pareciam os de um porco que está sendo grelhado ainda vivo.

XANTIAS

Que coisa horrível!

SOSIAS

E daí?

XANTIAS

Basta! Não me diga mais nada; o seu sonho fede tanto quanto o mau cheiro do couro do... povo.[6]

SOSIAS

A baleia maldita segurava uma balança e em vez da gordura dos carneiros pesava o... povo[7].

XANTIAS

Estamos perdidos! Eles querem vender nosso couro!

SOSIAS

Teoro[8] estava sentado no chão, perto da baleia, e tinha a cabeça de um corvo; e Alcibíades disse, trocando o "r" pelo "l": "Olhe, Teolo! Ele tem um colvo na cabeça!"

XANTIAS

Nunca Alcibíades trocou as letras mais a propósito...

SOSIAS

Não é um sinal de mau agouro? Teoro virou corvo!

XANTIAS

Nada disto! Ao contrário, é um sinal muito feliz.

SOSIAS

Mas, como?

XANTIAS

Você ainda pergunta? Ele deixou de ser gente e passou a ser corvo; não é claro que ele vai embora para se juntar a eles[9]?

SOSIAS

Não posso deixar de lhe dar uma gorjeta de dois óbolos[10], para recompensá-lo pela interpretação inteligente do sonho.

XANTIAS

Espere até que eu explique o assunto aos espectadores e faça algumas observações destinadas a eles.

Dirigindo-se aos espectadores.

Não esperem de nós nada de muito elevado; não esperem também uma gargalhada à maneira dos megáricos[11]. Não temos escravos que joguem sobre os espectadores nozes tiradas de suas cestas. Nenhum Heraclés[12] foi frustrado em sua gula; Eurípides[13] não vai ter de mostrar mais uma vez seu sarcasmo mordaz, e Clêon, apesar do sucesso em sua carreira militar e política, o que deve apenas à sorte, não se verá mais temperado por nós com molhos picantes. Minha fala tem uma intenção; sem menosprezar a sagacidade de vocês, há mais sentido em minhas palavras que um truque banal de comédia. O fato é o seguinte: nosso senhor está dormindo lá em cima, no terraço da casa. Ele nos encarregou de tomar conta de seu pai e de não deixar o velho sair de seu quarto, onde ele o trancou. Este pai sofre de uma doença esquisita, que ninguém é capaz de perceber se não for alertado por mim.

Apontando para os espectadores.

Tentem adivinhar! Aqui está Aminias[14], filho de Pronapes, que diz que a doença é a mania de jogar dados.

SOSIAS

Não é bem isto; é que ele julga os outros por si mesmo.

XANTIAS

Não. Há mesmo alguma paixão, uma mania por trás deste mal... Aqui está Sosias, que diz a Dercilo que é a paixão da bebida.

SOSIAS

De jeito nenhum! É uma paixão de pessoas decentes.

XANTIAS

Nicóstrato acha que é o amor aos sacrifícios ou o amor aos hóspedes.

SOSIAS

Por todos os diabos! Não é possível, pois ele é um prostituto; abusa de todos os hóspedes.

XANTIAS

Dirigindo-se novamente aos espectadores.

Vocês estão perdendo tempo; nenhum de vocês vai esclarecer o caso. Se vocês estão ansiosos por saber, façam silêncio; vou dizer qual é mesmo a doença de meu senhor: é a paixão pelos tribunais. A paixão dele é julgar; ele fica desesperado se não consegue ocupar o primeiro banco dos juízes. À noite ele não goza um instante de sono. Se por acaso fecha os olhos, seu próprio espírito fica olhando para a clepsidra[15]. A paixão dele pelo voto no tribunal é tão grande que faz ele acordar apertando três de seus dedos[16], como se oferecesse incenso aos deuses[17] no dia da lua nova. Quando ele vê escrito nos muros "Demo encantador[18], filho de Pirilampo!", escreve ao lado: "Encantadora urna de votos!" Se seu galo cantava durante a noite ele dizia que algum acusado sem dúvida usava essa humilde ave para fazê-lo acordar mais tarde do que era necessário. Logo depois do jantar ele pedia as sandálias, corria para o tribunal em plena noite e adormecia lá, colado a uma coluna como uma ostra à concha. Sua severidade o levava a traçar sobre as plaquetas do voto a linha da condenação, e ficava com os dedos cheios de cera[19]. Com receio de não ter a pedrinha para o voto, ele tinha no jardim de sua casa um canteiro de pedrinhas, que renovava sem parar. Esta era a sua loucura. E as censuras deixavam o coroa excitadíssimo. Também fechamos o ferrolho da porta principal para impedi-lo de sair, pois esta "doença" deixava o filho desesperado. No começo este usa a doçura, lhe pede para não ficar todo o tempo com o manto de sair, e permanecer em casa. Depois dá um banho no pai e purifica ele, mas tudo isto é inútil. Ele sujeita o pai aos exercícios sagrados dos Coribantes[20]; o pai foge com o tambor e corre para o tribunal querendo julgar. Diante do fracasso dessas tentativas, ele leva o pai a Áigina[21] para se deitar de noite no templo de Asclépio[22], mas quando amanhece o dia lá está o velho no recinto reservado aos juízes no tribunal. Fazemos o possível para impedi-lo de sair, mas ele escapa pelas calhas e pelos canos de águas das chuvas; onde aparecia um buraco, nós tapávamos e fechávamos imediatamente todas as saídas, mas ele punha paus nos muros e saltava de um lado para o outro como se fosse um gato. Afinal pusemos redes fechando todo o acesso ao jardim e ficávamos de guarda. O velho se chama Filoclêon[23]; nenhum nome ficaria melhor nele. O nome do filho dele é Bdeliclêon[24]; ele faz tudo para dominar o gênio fogoso do pai.

BDELICLÊON

Aparecendo numa das janelas de casa.

Xantias! Sosias! Vocês ainda estão dormindo?

XANTIAS

Coitado de mim!

SOSIAS

Qual é o caso?

XANTIAS

Bdeliclêon está nos chamando.

BDELICLÊON

Depressa! Venha já um de vocês aqui! Meu pai entrou no forno! Ele sumiu como um rato que se esconde num buraco! Um de vocês dois tome cuidado para evitar que ele fuja pela chaminé, e o outro fique impedindo a saída pela porta!

SOSIAS

Sim, meu senhor.

BDELICLÊON

Por Poseidon[25]! Quem está fazendo este barulho na chaminé? Ei! Você aí, quem é você?

FILOCLÊON

Sou a fumaça que está saindo...

BDELICLÊON

A fumaça? De que lenha?

FILOCLÊON

De figueira...

BDELICLÊON

Ah! É a mais sufocante de todas. Você vai sair logo? Onde está o tampão para fechar a chaminé? Volte! Vamos pôr uma trave aí. Agora trate de procurar outra trapaça para sair. Sou mesmo o mais infeliz dos homens! Pode-se dizer que meu pai é um limpador de chaminés.

Dirigindo-se a um dos escravos.

Você aí, tome conta da porta; apóie-se firmemente nela. Examine a fechadura e o ferrolho; tome cuidado para que ele não roa a lingüeta!

FILOCLÊON

Que é que vocês estão querendo fazer? Vocês não vão mesmo me deixar julgar? Dracontidas[26] vai ser absolvido!

BDELICLÊON

Isso vai deixar você muito aborrecido?

FILOCLÊON

O deus de Delfos[27] me respondeu um dia que eu morreria no momento em que um acusado escapasse de minhas mãos.

BDELICLÊON

Ah! Apolo Salvador! Que oráculo você proferiu!

FILOCLÊON

Por favor! Eu lhe imploro! Me deixe sair! Não me deixe morrer de fome aqui!

BDELICLÊON

Não, meu pai! Nunca vou deixar! Juro por Poseidon!

FILOCLÊON

Então vou roer a rede com meus próprios dentes.

BDELICLÊON

Dentes? Você não tem mais dentes...

FILOCLÊON

Sou mesmo um infeliz! Se eu pudesse matar você!... Mas, com quê? Depressa! Uma espada ou uma sentença condenatória!

BDELICLÊON

Este homem quer dar algum golpe baixo...

FILOCLÊON

Não! Nada disso! Só quero ir vender meu jumento com sela e tudo; agora é a época de vender.

BDELICLÊON

Não posso vender também o jumento?

FILOCLÊON

Não tão bem quanto eu.

BDELICLÊON

Ao contrário, bem melhor. Me traga o jumento.

FILOCLÊON vai buscar o jumento.

XANTIAS

Que boa trapaça ele imagina para escapar!...

BDELICLÊON

Mas o anzol dele não pescou ninguém; adivinhei a trapaça dele. Eu mesmo vou levar o jumento, para que o velho não escape mais.

Falando ao jumento.

Pobre cavalgadura! Você está chorando? Será que vão vender você? Marche! Por que você está gemendo? Você carregaria um Odisseu[28]!

XANTIAS

Por Zeus! Ele está levando alguém embaixo da barriga!

BDELICLÊON

Quem? Vamos ver!

XANTIAS

É o próprio velho!

BDELICLÊON

Que é que há? Quem é você?

FILOCLÊON

Ninguém.[29]

BDELICLÊON

Ninguém? E filho de quem?

FILOCLÊON

De Drasidas[30], vindo de Ítaca.

BDELICLÊON

Garanto, Ninguém, que você não vai aplaudir sua esperteza. Tirem ele o mais depressa possível de baixo do jumento! Trapaceiro! Onde ele se escondeu? Ele parece um filhote de jumenta[31].

FILOCLÊON

Se vocês não me deixarem em paz, vamos brigar na Justiça.

BDELICLÊON

A propósito de quê?

FILOCLÊON

A propósito da sombra do jumento[32].

BDELICLÊON

Você é um trambiqueiro sem-vergonha e atrevido, mas pouco inteligente.

FILOCLÊON

Trambiqueiro, eu? De jeito nenhum! Você não me dá agora o valor que eu tenho; só vai dar quando provar o gosto delicioso da herança de um velho juiz[33].

BDELICLÊON

Entre em casa com o jumento!

FILOCLÊON

Juízes meus amigos, e você, Clêon, venham me socorrer!

BDELICLÊON

Grite quanto quiser, mas lá dentro e com a porta fechada.

Dirigindo-se a SOSIAS.

Você aí, arraste as pedras para a entrada, feche o ferrolho e amontoe imediatamente esta argamassa junto deste pedaço de pau, para impedir que a porta seja aberta.

SOSIAS

Uai! De onde caiu em cima de mim este torrão?

XANTIAS

Talvez um rato tenha jogado ele.

SOSIAS

Um rato jogando este torrão? Essa não! Foi este juiz de goteiras que subiu no telhado.

XANTIAS

Como sou infeliz! Ele agora virou pardal; está voando! Onde está a rede?

Levando um dedo aos lábios.

Psiu!... Psiu!

BDELICLÊON

Na verdade, eu preferiria tomar conta da cidade de Squione[34] em vez de ter um pai assim.

SOSIAS

Agora que já tomamos conta dele e ele não pode fugir sem ser visto, por que não vamos dormir um pouquinho?

BDELICLÊON

Mas, meu rapazinho, daqui a pouco vão chegar os juízes colegas dele, que vêm chamar o meu pai aos berros.

SOSIAS

Que é que você está dizendo? O dia ainda nem raiou.

BDELICLÊON

É verdade; eles hoje vão se levantar mais tarde que nos outros dias. Geralmente começam a chegar à meia-noite com lanternas nas mãos cantando os versos antiquados das *Fenícias* de Frínico[35]. É assim que eles chamam o coleguinha.

SOSIAS

Então, se for necessário jogamos pedras neles.

BDELICLÊON

Mas esta raça de velhos, imbecil, parece com as vespas quando elas se zangam. Eles também têm embaixo da barriga um ferrão penetrante e picam todo mundo com ele; eles dançam zumbindo e atacam como se fossem centelhas.

SOSIAS

Não se preocupe; com apenas algumas pedras vou obrigar todo esse enxame de juízes a debandar.

Todos entram e aparece o CORO *de velhos juízes fantasiados de vespas.*

CORIFEU

Avancem, marchem com firmeza! Você está se atrasando, Comias! Você já não é o mesmo; você era teso como uma corda amarrada no pescoço de um cachorro indócil; agora Carinades marcha melhor que você. E você, Stimôdoro de Contilo, o melhor de nossos confrades. Euergidas ou Cabes de Fliús estão aqui? Ah! Estamos vendo tudo que resta daquela juventude que sobressaiu em Bizâncio enquanto você e eu patrulhávamos as muralhas; durante a noite, em nossas correrias, roubávamos da padeira a pá de amassar o pão e quebrávamos ela no meio e assávamos alguns legumes ruins... Mas vamos nos apressar, amigos! Hoje é o julgamento de Laques[36]. Todos dizem que seu cofre ficou recheado de dinheiro. É por isto que ontem Clêon, nosso sustentáculo, nos disse para virmos cedo, com raiva para três dias, para punir o malandro pela roubalheira dele. Vamos nos apressar, amigos, antes do dia clarear. Vamos marchar olhando bem para todos os lados, com o auxílio de nossos lampiões, para evitar os assaltos dos malfeitores contra nós.

MENINO

(Um dos muitos que seguiam os pais levando lampiões.)

Tome cuidado com esta poça de lama, pai!

CORIFEU

Junte um pouco de palha para avivar a mecha do lampião.

MENINO

Não! Não! Eu faço isto com os dedos.

CORIFEU

Você está querendo alongar a mecha, bobão, agora que o óleo está mais caro? Logo se vê que não é você quem paga!

MENINO

Se vocês nos surrarem, nós apagamos os lampiões e voltamos para casa; aí vocês vão ficar sem luz e vão enfiar os pés nas poças de lama como os frangos.

CORO

Se isto acontecer castigaremos os maiores que você, mas parece que já estamos andando na lama. Ficaremos muito admirados se dentro de poucos dias não cair uma chuva muito forte, pois as mechas dos lampiões estão cheias de cogumelos; isto é sinal de chuva. Aliás, os frutos temporãos têm necessidade de água, e o sopro dos ventos faz bem a eles.

O CORO pára em frente à casa de FILOCLÊON.

Mas, que está acontecendo ao nosso colega que mora neste sobrado para ele não aparecer no meio do grupo? Geralmente ele não fica para trás; marcha sempre na frente cantando trechos de Frínico[37], pois é um apreciador das Musas. Meus amigos! Em nossa opinião deveríamos parar aqui e chamá-lo cantando. O prazer que ele terá quando nos ouvir talvez faça com que ele saia de casa.

Depois de alguns momentos de silêncio.

Por que esse velhote não aparece na porta e não nos responde? Será que ele perdeu as sandálias? Ou será que pisou de mau jeito na escuridão e torceu o pé? Talvez ele tenha uma hérnia. Ele era o mais mal-humorado entre nós todos, e o único intransigente. Se alguém lhe dirigia algum apelo ele baixava a cabeça dizendo: "Você quer cozinhar uma pedra?" Talvez seja por causa daquele homem que ontem escapou de nós recorrendo a mentiras, dizendo que era inteiramente dedicado à cidade de Atenas, e que foi o primeiro a revelar as intenções dos habitantes de Samos; a mágoa de vê-lo absolvido talvez lhe tenha causado uma febre, pois ele devia estar aqui...

Falando em direção à casa.

Vamos, caro amigo! Levante-se! Não se deixe devorar assim pelo ressentimento! Hoje temos de julgar um desses ricaços que entregaram a Trácia.[38] Vamos mandá-lo ao suplício!

Dirigindo-se ao MENINO *que levava o lampião.*

Avance, menino! Avance!

MENINO

Você me dá o que eu lhe pedir, pai?

CORIFEU

Dou, meu filho querido, mas me diga: que quer você que eu compre de bonito para lhe dar? Imagino que você não vai querer ossinhos[39].

MENINO

Não, paizinho; eu quero figos; eu gosto muito de figos.

CORIFEU

Você não vai ganhar figos, nem que se enforque!

MENINO

Então não vou mais acompanhar você.

CORIFEU

Esta é boa! Com o meu salário miserável tenho de comprar pão, lenha e carne, e você ainda me pede figos?

MENINO

Se o arconte[40] não convocar mais o tribunal, onde vamos jantar? Você tem de nos dar uma esperança, senão vamos nos afogar no mar[41].

CORIFEU

Ah! Deuses! Ai de mim! Ai de mim! Já não sei o que vamos jantar!

MENINO

"Ah! Mãe infeliz! Por que você me deu à luz, se eu teria de sofrer tanto para me manter vivo?"[42]

CORIFEU

Assim, minha sacola[43], você é apenas um ornamento!

CORIFEU e MENINO

Ai! Ai de nós! Só lágrimas nos restam!

FILOCLÊON

Falando ao CORO de uma janela de sua casa.

Meus amigos! Estou secando de impaciência depois de ouvir vocês desta janela, mas não posso ir cantar com vocês. Que é que vou fazer? A minha gente toma conta de mim porque estou pegando fogo para ir com vocês, juntar nossas... urnas e pronunciar alguma sentença condenatória. Ah! Zeus! Relampeje aí em cima e me transforme em fumaça! Ou então faça com que eu me pareça com Proxenides, o filho de Selos, esse grande tecelão de mentiras! Conceda-me esta graça, comovendo-se com a minha miséria ou me reduzindo a cinzas com seus raios, e fazendo com que seu sopro me leve já para uma salmoura ácida e fervente, ou finalmente me transformando na pedra em cima da qual são contados os votos do tribunal.

CORO

Quem prende você assim em sua casa e fecha as portas na sua cara? Fale! Somos todos seus amigos.

FILOCLÊON

É o meu próprio filho. Não falem mais alto, pois ele está dormindo em frente à casa. Falem mais baixo!

CORO

Coitado de você! De quem ele pretende defender você? Que pretexto ele alega?

FILOCLÊON

Ah! Meus amigos! Ele não quer permitir que eu julgue nem profira nenhuma condenação; quer que eu fique em casa sem fazer nada, mas isto eu não quero!

CORO

Esse celerado, esse demagogo só chegou a este ponto de audácia porque você diz a verdade sobre a frota ateniense.

FILOCLÊON

Ele não teria chegado a este ponto de audácia se não estivesse armando alguma conspiração.

CORO

Está na hora de imaginar algum meio de você escapar daí e descer até aqui.

FILOCLÊON

Que meio? Procurem! Faço qualquer negócio, tão grande é o meu desejo de percorrer os bancos do tribunal para dar o meu voto.

CORO

Não há alguma abertura por aí, por onde você possa fugir e desaparecer vestido de andrajos como o esperto Odisseu?[44]

FILOCLÊON

Está tudo fechado; nem um mosquito acharia um buraco por onde pudesse passar. Imaginem outra maneira; a de abertura é impraticável.

CORO

Você não se lembra mais de que, na conquista de Naxos, você desceu pela muralha da cidade valendo-se de espetos roubados de cozinheiros, que você enfiava nas juntas das pedras?

FILOCLÊON

Eu me lembro, mas aqui isso não adiantaria. A situação não é a mesma. Naquele tempo eu era moço, cheio de vigor e de jogo de cintura até para voar. Ninguém me pegava e eu podia fugir sem medo. Agora há sentinelas armadas, espalhadas por todas as saídas; só aqui na porta estão duas com espetos nas mãos, de olho em mim como se eu fosse um gato querendo roubar carne.

CORO

Então imagine o mais depressa possível algum expediente novo, pois está chegando a aurora, nossa abelhinha.

FILOCLÊON

Não me ocorre nada melhor que roer a rede em que estou preso. Que a deusa Dictina[45] me perdoe!

CORO

Esta é a atitude correta de um homem que luta por sua liberdade. Vamos! Ponha os maxilares em ação!

FILOCLÊON

Pronto! A rede já está roída! Não gritem! Vamos ter cuidado para Bdeliclêon não perceber.

CORO

Não tenha medo, amigo. Se ele se mexer vamos forçá-lo a roer o coração e a combater em sua própria defesa; vamos ensinar Bdeliclêon a não violar as leis das deusas veneráveis[46]. Amarre uma corda na janela, enrole a corda no seu corpo e vá descendo, animado pelo furor de Diopites[47].

FILOCLÊON

Mas me digam uma coisa: se eles perceberem, se quiserem retirar a corda e me deixarem cair, que é que vocês vão fazer?

CORO

Estamos aqui para socorrê-lo, reunindo todas as nossas forças para evitar que eles retenham você. É isto que vamos fazer.

FILOCLÊON

Está bem; assim seja! Estou nas mãos de vocês. Se me acontecer alguma desgraça, lembrem-se de me enterrar por baixo do tribunal depois de me terem banhado com suas lágrimas.

CORO

Esteja certo de que nada de mau lhe acontecerá. Desça confiantemente, invocando os deuses protetores de Atenas.

FILOCLÊON

Lico[48], divindade protetora, herói meu vizinho! Tanto quanto eu, você gosta das lágrimas e do pranto sem fim dos acusados nos tribunais. Sem dúvida você escolheu o tribunal para eu nada perder dos suspiros deles; entre todos os heróis você é o único que quis viver no meio dos infelizes. Tenha piedade de mim; salve um de seus adoradores fiéis! Eu lhe prometo não mijar nem peidar perto das paredes de seu santuário.

FILOCLÊON começa a descer lenta e silenciosamente, mas apesar do cuidado BDELICLÊON acorda.

BDELICLÊON

Ei! Você aí!

SOSIAS

Do alto da casa.

Qual é o caso?

BDELICLÊON

Estou ouvindo alguma coisa parecida com uma voz...

SOSIAS

Será que o velhote se meteu em algum lugar?

BDELICLÊON

Não, mas ele está descendo, pendurado numa corda.

SOSIAS

Miserável! Que é que você está fazendo? Não pense em descer!

BDELICLÊON

Dirigindo-se a SOSIAS.

Suba depressa pela outra janela e dê uma surra nele com este galho seco para forçá-lo a voltar pelo mesmo caminho!

FILOCLÊON

Vocês, Smicítion, Tisiades, Crêmon, Feredipno, todos que têm processos durante este ano, não vêm me socorrer? Quando, afinal, vocês me ajudarão, se não for agora, antes de eu ser trancado outra vez?

CORO

Chega! Por que tardamos a lançar mão desta cólera com que castigamos qualquer um que exaspere nossos enxames? Nossos ferrões vingadores se preparam. Meninos! Joguem fora os nossos mantos! Corram gritando bem alto para levar estes acontecimentos ao conhecimento de Cleôn! Digam a ele para vir combater um inimigo do governo, merecedor sem dúvida alguma da morte, pois ele se atreve a pretender que não deve haver processos nem julgamentos!

Os MENINOS saem correndo.

BDELICLÊON

Saindo de casa com seu pai e dois escravos.

Ouçam, meus amigos! Não gritem!

CORO

Gritaremos para que nos ouçam até no céu! Não abandonaremos você, Filoclêon!

BDELICLÊON

Não é uma atitude fora do comum, uma tirania descarada?

CORIFEU

Ah! Cidadãos! Ah! Teoro[49], inimigo dos deuses, e todos vocês, aduladores que nos governam!

XANTIAS

Por Heraclés[50]! Eles têm ferrões! O meu senhor não vê?

BDELICLÊON

São os mesmos que picaram Filipe[51], filho de Górgias.

CORIFEU

Você será também nossa vítima. Sigam todos naquela direção; vamos atacá-lo com nossos ferrões, todos nós em formação compacta, com o coração cheio de ressentimento e de raiva, pois ele agora sabe por que enxame será atacado!

XANTIAS

Se se trata de combater, começo a ter medo, pois só de ver estes ferrões eu fico apavorado.

CORIFEU

Solte este homem, ou garanto que o seu lombo vai invejar a carapaça das tartarugas!

FILOCLÊON

Vamos, juízes meus colegas, vespas zangadas! Avancem contra ele, encham a bunda, os olhos e os dedos dele de ferroadas!

BDELICLÊON

Socorro, Midas, Frígio, Masintias[52]! Agarrem Filoclêon e não soltem mais ele, senão eu vou deixar vocês acorrentados e sem comer! Não tenho medo das ameaças dos colegas dele.

CORIFEU

Se vocês não deixarem Filoclêon em liberdade, vão sentir nossos ferrões!

FILOCLÊON

Ah! Cêcrops[53], nosso rei cujo corpo terminava com um rabo de dragão! Você deixará que eu seja tratado como um joguete destes três bárbaros? Eles vão aprender comigo a derramar rios de lágrimas!

CORIFEU

A velhice é mesmo uma infelicidade, uma grande infelicidade. Estes dois facínoras detêm seu velho dono à força; eles esquecem as peles, as túnicas curtas, os gorros de peles de cães que ele comprou para eles, e o cuidado que ele tinha para proteger os pés deles do frio rigoroso. Eles não têm vergonha na cara, nem se lembram mais de suas sandálias caindo aos pedaços.

FILOCLÊON

Dirigindo-se a XANTIAS.

E você, Xantias, não quer mesmo me deixar sair daqui, animal perverso? Você se esqueceu de que num certo dia, quando surpreendi você roubando minhas uvas, amarrei você no tronco de uma oliveira e arranquei a sua pele com tanta força que parecia que ela estava gritando. Mas você é um ingrato. Me deixe em paz!

Dirigindo-se a SOSIAS.

E você também, antes de meu filho aparecer!

CORIFEU

Vocês não tardarão a receber o castigo merecido; os três vão aprender a conhecer os homens de caráter rancoroso, justo e severo.

Começa uma briga. BDELICLÊON *chega com um bastão que dá a* SOSIAS, *e uma tocha acesa que entrega a* XANTIAS; *este e* SOSIAS *começam a espancar os amigos de* FILOCLÊON *com bastões.*

BDELICLÊON

Basta! Basta, Xantias! Enxote estas vespas daqui de casa!

XANTIAS

É o que estou fazendo.

SOSIAS

Eu também já estou dando porradas neles.

Dirigindo-se a XANTIAS.

E você, faça aí de seu lado uma fumaça espessa.

XANTIAS

Muito bem! Vocês pensam que vão se salvar? Então vocês não querem ir embora? Bastão neles!

SOSIAS

Você, Xantias, jogue no fogo este Aisquines filho de Selártio para fazer mais fumaça.

XANTIAS

Eu sabia que íamos conseguir expulsar vocês daqui.

BDELICLÊON

Mas você não ia poder fazer este pessoal debandar com tanta facilidade se eles tivessem engolido versos de Filoclés[54].

CORO

Não é claro para os pobres que a ditadura foi restabelecida aqui sem nós sabermos? Celerado! Correligionário do arrogante Aminias! Você espezinha as leis estabelecidas pela democracia, sem o menor pretexto nem palavras melosas que justifiquem o seu desrespeito?

BDELICLÊON

Não é possível conversarmos sem pancadaria e gritaria?

CORO

Conversar com você, inimigo do povo, partidário da monarquia e amigo de Brasidas[55], você, que ainda usa franjinhas de lã e deixa crescer a barba[56]?

BDELICLÊON

De fato, eu agiria melhor se abandonasse logo meu pai em vez de suportar todos os dias borrascas como esta!

CORIFEU

Muito bem; você ainda não está no jardim nem saiu da rua, como diz o provérbio. O que você sofre hoje não é nada; você vai ver quando o promotor denunciar os seus crimes e intimar os seus cúmplices na conspiração.

BDELICLÊON

Em nome dos deuses! Vocês afinal vão embora? Se não forem, estou decidido a desancar vocês durante todo o dia.

CORO

Não e nunca, enquanto nos restar um sopro de vida! Estamos percebendo claramente que vocês aspiram à tirania!

BDELICLÊON

Para nós tudo é tirania e conspiração; pouco me importa se as acusações são sérias ou infundadas. Durante cinqüenta anos estas palavras não tinham ferido os meus ouvidos; hoje elas são mais comuns que peixe salgado; elas reboam por todos os cantos da praça do mercado. Tanto faz alguém comprar peixe-agulha e desprezar o linguado, o vendedor do linguado diz logo: "a cozinha deste homem cheira horrivelmente a tirania". Se outro pede pimenta para temperar as enchovas, o vendeiro olha de lado e diz: "Você pede alho; será que o que você quer mesmo é a tirania? Você pensa que Atenas deve lhe fornecer os temperos?"

XANTIAS

Ontem ao meio-dia eu entrei na casa de uma prostituta e disse a ela que desejava fazer exercícios de equitação; ela me perguntou, muito zangada, se eu queria restabelecer a tirania de Hípias[57].

BDELICLÊON

Essas intenções agradam ao povo; e eu, porque desejo proporcionar a meu pai a boa vida de Mórico[58] e afastá-lo dos processos, das delações que tiram o sono dele, sou acusado de conspiração e de ser partidário da tirania.

FILOCLÊON

Você bem merece; por mim, prefiro a vida que você quer que eu abandone, em vez da maior prosperidade. Um processinho recheado é um prato que me agradaria muito mais.

BDELICLÊON

É claro! É um prazer a que você já se habituou. Mas fique calado um instantinho e tente me entender; vou fazer você perceber que está iludindo a si mesmo.

FILOCLÊON

Eu, me iludir, quando só faço justiça?

BDELICLÊON

Você não percebe que é um joguete desses homens que você reverencia como se estivesse num culto? Você é um escravo e não percebe.

FILOCLÊON

Por que você fala de escravidão? Na realidade sou um rei.

BDELICLÊON

De jeito nenhum! Você é escravo dos outros e pensa que está reinando. Diga, meu pai: que honras são prestadas a você por sua contribuição à Hélade?

FILOCLÊON

Muitas, sem nenhuma dúvida; sou colega dos juízes.

BDELICLÊON

E eu também.

Dirigindo-se ao CORO.

Vocês aí, deixem meu pai em liberdade. Me dêem uma espada; se eu perder a minha causa, enfio ela no meu coração.

Dirigindo-se a FILOCLÊON.

E você, se recusar o parecer dos árbitros...

FILOCLÊON

... que nunca mais eu beba vinho em honra do Gênio Bom!

CORO

Dirigindo-se a FILOCLÊON.

É você, nosso paladino, que tem de achar argumentos novos a fim de parecer...

BDELICLÊON

Interrompendo o CORO.

Sim, e tudo que ele disser vou anotar fielmente na memória; me tragam minhas plaquetas de tomar notas.

CORO

Que aparência você vai ter, a fim de dar a impressão de que não está falando à maneira deste rapaz? Você percebe a importância do debate em que tudo será questionado, desde que ele queira vencer você (tomara que isto não aconteça!)?

BDELICLÊON

Quero tomar nota de tudo que ele vai dizer, para não esquecer.

FILOCLÊON

E vocês, que iriam dizer se eu morresse?

CORO

A tropa de velhotes não serviria para mais nada. Seríamos ridicularizados nas ruas e chamados de anjos de procissão e de arquivos para processos. Você, então, Filoclêon, que vai defender nossa soberania, mostre altivamente toda a sua eloqüência.

FILOCLÊON

Desde o comecinho vou provar que nosso poder não se curva diante de nenhuma soberania. Que criatura é mais feliz, mais afortunada que um juiz? Que vida é mais gostosa que a dele? Que animal é mais temível, principalmente na velhice? Mal me levanto da cama os homens mais importantes me escoltam até o tribunal; desde que apareço sou docemente paparicado por mãos que roubaram o dinheiro do tesouro da cidade; o culpado cai aos meus pés, dizendo com voz lamentosa: "Tenha piedade de mim, meu pai, pelos trambiques que pude praticar no exercício de funções públicas, ou no abastecimento do exército!" Pois ele não saberia nem que existo, se eu já não tivesse absolvido ele uma vez.

BDELICLÊON

Quanto aos suplicantes, tomei nota deles em minhas plaquetas.

FILOCLÊON

Aí eu me sento em meu lugar no tribunal, atordoado por súplicas que diminuem um pouco a minha severidade; e não faço nada do que prometo. De todos os lados se ouvem lamentos dos acusados. Que mesuras gentis se fazem diante do juiz! Uns deploram sua miséria e acrescentam males imaginários a seus males reais, para igualá-los aos meus; outros me contam histórias ou alguma piada de atores de comédias; outros dizem palavras espirituosas para me fazer rir e relaxar meu rigor. Se nada disso me sensibiliza, eles trazem seus filhos pelas mãos, meninos e meninas; eu ouço; eles inclinam a cabeça e começam a balir juntos, como se fossem carneiros. Depois o pai, trêmulo, suplica em nome dos filhos, como se eu fosse um deus, para eu absolvê-lo com pena deles: "Você gosta dos berrinhos de um cordeiro? Seja sensível à voz de um rapazinho"! Se dou a impressão de gostar da "coisinha" das meninas, ele procura me comover com a voz da filha. Então o nosso humor se adoça um pouco. Isto não é reinar e estar acima das riquezas todas?

BDELICLÊON

Outro ponto que anoto: o desprezo pelas riquezas. Me diga agora: que vantagens você tira dessa prepotência que você tem a pretensão de exercer sobre a Hélade?

FILOCLÊON

Se se trata de verificar a idade dos meninos,[59] temos o direito de vê-los nus. Se Ôiagro[60] for citado judicialmente, ele não será absolvido antes de haver recitado diante de nós a mais bela tirada da *Níobe*[61]. Um flautista ganha sua causa? Em sinal de reconhecimento ele toca uma marcha para nós quando saímos do tribunal. Se um pai moribundo indica no testamento o marido que destina à filha, única herdeira, deixamos com ele o mísero testamento e a conchinha que cobre o selo e damos a moça àquele cujas súplicas conseguem nos comover. E tudo isto sem dar satisfações a ninguém (privilégio que nenhum outro magistrado tem).

BDELICLÊON

Estas vantagens são preciosas, e eu felicito você por elas, mas cassar o testamento me parece injusto.

FILOCLÊON

Mas isto não é tudo. Quando o Senado e o povo estão divididos sobre algum assunto importante, um decreto manda os acusados comparecerem diante dos juízes. Vêem-se, então, Êatlo[62] e também o frouxo Colacônimo[63] jurarem que nunca trairão vocês e que lutarão pelo povo. Enfim, nenhum orador consegue fazer prevalecer sua opinião na assembléia se não declara que os tribunais teriam de fechar depois do julgamento de um caso. O próprio Clêon, com sua voz tonitruante, não nos morde; mas ele fica vigilante perto de nós e afasta as moscas. Você nunca fez nada comparável com o que seu pai fez. Teoro, digno rival de Eufêmio[64], pega a esponja na bacia para tirar a lama de nossas sandálias. Veja os benefícios de que você quer me privar, me arrancar! É isto que você chama de escravidão e servilismo?

BDELICLÊON

Fale tanto quanto você quiser; um dia você perceberá a inutilidade dessa maravilhosa prepotência; você terá de ser muito lavado depois de tanta sujeira!

FILOCLÊON

Esqueci o melhor da história: quando entro em casa com meu salário, minha grana atrai mil carícias para mim; primeiro minha filha lava e perfuma os meus pés, e fica na ponta dos pés para me beijar, e me chamando pelos nomes mais carinhosos consegue tirar com sua língua os três óbolos de minha boca[65]. Minha mulher, cheia de meiguice, me oferece uns bolos leves, sentando-se perto de mim e dizendo insistentemente: "Coma este! Prove aquele!" Tudo isso me deixa alegre; tudo isso me agrada muito; não tenho de olhar para você nem para o mordomo tentando saber quando ele ou você vão mandar servir o jantar, me maldizendo e resmungando. Não é necessário lembrar que eles preparam um bolo ruim. E este salário me serve de proteção contra todos os males, e de armadura contra todos os projéteis; se você não quer servir o vinho, num instante o copeiro enche a taça e é só eu beber; o gluglu do vinho caindo na taça faz muito barulho e não me deixa ouvir seus gritos, meu filho. Isto não é uma verdadeira soberania, igual à de Zeus? Falam de nós como do próprio Zeus. Se fazemos barulho em nosso tribunal, todos os presentes gritam: "Ah! Zeus! Que tempestade desaba sobre o tribunal!" Quando lanço meus raios os ricos e os mais emproados começam a me adorar e se borram de medo. Você mesmo, meu filho, tem muito medo de mim (sim, por Deméter[66]!).

BDELICLÊON

Que eu morra agora mesmo se tenho medo de você!

CORIFEU

Nunca ouvi alguém defender uma causa com tanta habilidade e prudência.

FILOCLÊON

Ele pensava que ia colher as uvas de uma parreira sem dono, mas já conhecia o meu talento.

CORIFEU

Como ele soube dizer tudo, sem esquecer coisa alguma! Eu sentia que estava crescendo enquanto ele falava. O encanto da eloqüência do velhote era tão grande que parecia que ele estava julgando nas ilhas dos Bem-aventurados[67]!

BDELICLÊON

Como ele se babava de prazer e ficava em estado de beatitude!

Dirigindo-se a FILOCLÊON.

Vou fazer você sonhar hoje com chicotadas.

CORIFEU

Dirigindo-se a BDELICLÊON.

Você vai ter de pôr para funcionar todos os seus recursos se quiser ganhar a sua causa. É difícil me dobrar falando contra mim. Se você não tem nada de bom a dizer, procure já um moinho capaz de moer a minha cólera.

BDELICLÊON

De fato, curar uma doença crônica numa cidade como esta é uma tarefa difícil, ousada e superior às forças de um poeta cômico. Mas meu pai, filho de Cronos[68]...

FILOCLÊON

Pare de invocar o nome de pai! Se você não me provar agora mesmo que um juiz é um escravo, nada me impedirá de matar você, ainda que eu tenha de ser excluído da festa dos Sacrifícios[69].

BDELICLÊON

Me ouça com um ar um pouco menos severo, pai. Faça primeiro um cálculo muito simples em seus dedos, e não com pedrinhas[70], de todos os tributos que as cidades aliadas nos pagam; conte também os impostos pessoais, os percentuais, as custas judiciárias, a parte do produto das minas, os direitos sobre os mercados e os portos, as taxas, o produto dos confiscos; a soma destas rendas sobe a quase dez mil talentos[71]. Conte também os honorários anuais dos juízes, no valor de seis mil talentos, pois nunca houve tantos gastos deste tipo aqui; a soma de tudo isto é de cento e cinqüenta talentos para vocês.

FILOCLÊON

Então não temos nem mesmo a décima parte das rendas públicas?

BDELICLÊON

Não.

FILOCLÊON

Então para onde vai o resto?

BDELICLÊON

Para essa gente que não pára de gritar: "Nunca trairei o povo de Atenas! Lutarei sempre pelo povo!" E você, meu pai, seduzido por palavras como estas, se submete ao império dessa gente. Eles extorquem uma porção de talentos das cidades, fazendo ameaças a elas. Você se contenta com roer os restos do reinado deles. Os aliados, vendo todo o bando de vocês se contentar com uma sopa aguada e com a comida mais intragável, não fazem mais caso de você do que do voto de Cono[72]. E aos demagogos eles dão pratos de peixe salgado, vinho, tapetes, queijo, mel, gergelim, almofadas, jarros bonitos, roupas caríssimas, coroas, colares, copas, enfim, as riquezas companheiras da boa vida. E a você, nenhum daqueles em quem você diz que manda, depois de tantas canseiras em terra e no mar, dá nem mesmo uma cabeça de alho para temperar uns peixinhos de nada.

FILOCLÊON

Isto é verdade; tive de mandar buscar três dentes de alho na quitanda de Eucarides. Mas afinal você não me prova esta suposta servidão.

BDELICLÊON

E não é uma verdadeira servidão ver todos esses intrigantes que exercem as magistraturas e seus aduladores presenteados com salários de marajás? Enquanto isto, você se contenta com os três óbolos que lhe pagam e que você ganhou em mil combates em terra e no ar e no cerco de cidades. Mas o que me deixa ainda mais revoltado é que você é forçado a ir à assembléia por ordens de outros, enquanto um fedelho debochado — o filho de Caireas[73] (o das pernas tortas) —, de andar provocante e cheio de frescura, convida você para vir julgar de manhã cedinho e na hora marcada, pois quem se apresentar depois do sinal não porá as mãos nos três óbolos. Mas ele recebe um bom dinheiro, na qualidade de promotor público, por mais tarde que chegue. Se algum acusado dá qualquer presente a ele, o malandro divide o presente com um de seus coleguinhas; se os dois combinam arranjar uma negociata, passam a maracutaia das mãos de um para o outro como dois malabaristas com batatas quentes nas mãos; enquanto isto você, com a boca escancarada, fica olhando para o tesoureiro do tribunal, sem perceber a manobra.

FILOCLÊON

O quê? É assim que eles me tratam? Essa não! Que é mesmo que você está dizendo? Você está pondo o meu espírito de cabeça para baixo! Isto me faz pensar muito. Já não sei onde estou!

BDELICLÊON

Então ouça: você poderia ser tão rico quanto todos os outros colegas seus; mas esses eternos aduladores do povo lhe tiram os meios. Você reina sobre uma porção de cidades, desde o mar Negro até a Sardenha, e sua única satisfação é esse salário miserável; e eles ainda lhe pagam avarentamente e gota a gota, como o óleo na mecha de um lampião; na realidade eles querem que você seja pobre, e vou lhe dizer a razão disto: é porque você conhece a mão que te alimenta, e ao menor sinal você se lança sobre o inimigo que ela escolhe para ser atacado por você. Garantir a subsistência do povo seria coisa fácil, se você quisesse. Mil cidades nos pagam tributos. Se se impuser a cada uma delas que sustente vinte cidadãos, vinte mil homens viverão uma vida de delícias. Eles terão todas as lebres que quiserem, coroas, o primeiro leite das mulheres depois do parto[74], enfim, todas as coisas boas que nossa pátria e os vencedores da batalha de Maratona merecem. Longe disto, agora vocês seguem aquele que paga o salário, como os colhedores de azeitonas.

FILOCLÊON

Um frio repentino entorpece minha mão! Não posso mais segurar a minha espada, minhas forças me faltam!

BDELICLÊON

Mas esses mesmos homens, quando temem por suas vidas, oferecem a vocês a Êuboia e muito trigo, eles, que nunca lhe deram nem um pouquinho de aveia. Mais ainda: você sua muito para receber esse pouquinho, pois eles alegam que é importado. É por isso que tenho mantido você nesse confinamento, para alimentar você e para poupar você das gargalhadas insolentes deles. E agora que resolvi lhe dar tudo que você desejar, menos o primeiro leite das mulheres depois do parto...

CORO

Dirigindo-se a BDELICLÊON.

Sempre se tem razão para dizer: "Ouça as duas partes antes de julgar". Pare, pois você agora ganhou a causa. Nossa cólera está mais branda, vamos jogar fora estes porretes.

Dirigindo-se a FILOCLÊON.

Ceda diante destas razões, nosso amigo e correligionário! Não queira parecer louco nem teimoso demais! Ah! Se nós mesmos tivéssemos tido um amigo ou parente que nos desse conselhos como este! Hoje uma divindade virá socorrer você e lhe oferecerá os favores dela. Aceite sem hesitar!

BDELICLÊON

É isto mesmo. Vou cuidar dele e lhe darei tudo que convém a um homem da sua idade; ele terá farinha de cevada, uma túnica, um manto bem fino, uma prostituta para fazer massagens no peru e nos rins dele. Mas ele deve ficar caladinho, não vai dizer uma palavra, nem que seja para me agradar.

CORO

O velhote voltou à razão sobre os assuntos em que dizia bobagens; ele reconheceu sua loucura, e se recrimina por não ter seguido seus conselhos. Talvez ele, tornando-se um sábio, se disponha a se comportar de acordo com seus desejos, Bdeliclêon.

FILOCLÊON

Depois de algum tempo de silêncio geral.

Ai! Coitado de mim!

BDELICLÊON

Que é isto? Por que você está gritando?

FILOCLÊON

Deixe para lá todas estas promessas. Ah! Se eu estivesse num certo lugar onde o oficial de justiça grita: "Quem ainda não depositou seu voto na urna, levante-se!" Ah! Se eu pudesse estar ao lado das urnas e ser o último a depositar meu voto! Apresse-se, minha alma! Onde está minha alma? "Trevas! Abram-me uma passagem!"[75] Por Heraclés! Por que não vou poder sentar hoje entre os juízes e convencê-los de que Clêon foi apanhado em flagrante de roubo?

BDELICLÊON

Em nome dos deuses, meu pai! Ceda às minhas súplicas!

FILOCLÊON

Que é mesmo que você está querendo de mim? Peça tudo, tudinho, menos uma coisa.

BDELICLÊON

Que coisa? Diga!

FILOCLÊON

Que eu deixe de julgar. Antes de eu concordar, Hades[76] terá pronunciado minha sentença de morte.

BDELICLEÔN

Está bem! Está bem! Se você gosta tanto de ser juiz, não é necessário sair de casa para isto; fique aqui e julgue seus escravos.

FILOCLÊON

Com base em que acusações? Você está brincando!

BDELICLÊON

Você vai fazer tudo como no tribunal. Se sua escrava abrir a porta da despensa sem você ver, você aplicará a ela uma simples multa, como você faria no tribunal. Tudo se passará na ordem conveniente; se o sol estiver de fora desde cedo, você julgará em pleno sol; se estiver chovendo ou nevando, você instruirá o processo em frente à sua lareira; se por acaso você se levantar ao meio-dia, não precisa ter receios de ser excluído pelo juiz-presidente[77].

FILOCLÊON

Até que estou gostando disto!

BDELICLÊON

Além disto, se o advogado estiver falando demais e você sentir fome, você não terá de sofrer por isto; vingue-se do advogado.

FILOCLÊON

Como eu poderia conduzir bem o processo comendo durante o intervalo?

BDELICLÊON

Bem melhor que em jejum; não me diga que os juízes, cercados de falsas testemunhas por todos os lados, não descobrem a verdade ruminando!

FILOCLÊON

Você me leva a tomar uma decisão, mas ainda não disse quem vai me pagar o meu salário de juiz.

BDELICLÊON

Eu.

FILOCLÊON

Está bem: concordo com ser pago à parte e não junto com os outros juízes. Ora: ultimamente esse palhaço chamado Lisístrato me tapeou indecorosamente; ele tinha recebido um dinheiro para nós dois; aí ele me levou até o mercado para trocar o dinheiro em duas partes e me deu três escamas de peixe, que eu pus logo na minha boca[78], pensando que se tratasse de moedas. O fedor me obrigou a cuspi-las no mesmo instante, e eu abri processo contra ele na Justiça.

BDELICLÊON

Bem feito! E qual foi a réplica dele?

FILOCLÊON

Veja só! Ele respondeu que eu tinha um estômago de galo. "É assim que você digere dinheiro?", disse ele rindo!

BDELICLÊON

Veja o proveito, também nisto, que você vai ter agora.

FILOCLÊON

Talvez ele não seja tão pequeno; mesmo assim, execute seu plano.

BDELICLÊON

Espere um pouco aqui; vou trazer tudo para cá.

Sai BDELICLÊON.

FILOCLÊON

Assim se realizam os oráculos! Sempre ouvi dizer que chegaria o tempo em que cada ateniense aplicaria a justiça em sua casa e se construiria no vestíbulo dela um tribunalzinho, como os santuariozinhos de Hecate que se vêem por toda parte em frente às casas.

Volta BDELICLÊON trazendo um penico e um galo.

BDELICLÊON

Está tudo aqui. Você tem alguma coisa a dizer? Trago tudo que lhe prometi, e mais ainda. Se você quiser mijar, este penico aparecerá suspenso perto de você, pendurado num gancho.

FILOCLÊON

Grande idéia! Para um velho isto é um bom preservativo contra a retenção de urina.

BDELICLÊON

Mostrando um fogareiro com brasas e uma panela.

É, sim. Aqui está o fogo e ao lado há um purê de lentilhas também, que você pode comer em caso de força maior.

FILOCLÊON

Ótimo também! Assim, mesmo se eu estiver com febre receberei sempre o meu salário; poderia até comer minhas lentilhas sem sair do lugar. Mas, para que você trouxe o galo?

BDELICLÊON

Se você dormir durante os debates, como fazia no tribunal, ele acordará você cantando.

FILOCLÊON

Tudo isto é muito conveniente para mim, mas ainda queria uma coisa.

BDELICLÊON

Que coisa?

FILOCLÊON

É possível trazer para cá uma imagem de Lico[79]?

BDELICLÊON

Mostrando uma pintura.

Ela está ali à sua frente. É o próprio herói.

FILOCLÊON

Herói nosso chefe! Como é terrível o seu olhar!

BDELICLÊON

Parece até que estamos vendo Cleônimo.

FILOCLÊON

Ele não está com as armas, por mais herói que seja.

BDELICLÊON

Se você se sentasse já, eu proporia na mesma hora uma ação.

FILOCLÊON

Então proponha; estou sentado há muito tempo.

BDELICLÊON

Vejamos: que ação eu proporia primeiro? Alguém da casa fez alguma bobagem? A criada Trata deixou queimar há pouco tempo o que estava na panela.

FILOCLÊON

Essa não! Pare! Você me mataria! Você quer propor uma ação antes de fazer uma balaustrada aqui[80]? Mas é a primeira coisa que se vê no tribunal.

BDELICLÊON

É verdade; não há balaustrada aqui, mas vou providenciar uma agora mesmo. Como são importantes os usos e costumes locais!

Entra XANTIAS correndo.

XANTIAS

Dane-se este animal! Ninguém pode tomar conta de um cachorro assim!

BDELICLÊON

Qual é o caso agora?

XANTIAS

O senhor está vendo Labes, o seu cachorro, que agora mesmo entrou na despensa e comeu um queijo da Sicília?[81]

BDELICLÊON

Que bom! Aqui está o primeiro delito para levar ao "tribunal" diante de meu pai!

Dirigindo-se a XANTIAS.

Faça você mesmo a acusação.

XANTIAS

Eu não; o promotor deve ser outro cachorro, se permitem que eu dê palpites.

BDELICLÊON

Está bem. Chame outro cachorro.

XANTIAS

É o que vou fazer.

FILOCLÊON

Dirigindo-se a BDELICLÊON.

Que é que você está trazendo aí?

BDELICLÊON

O cercado onde são engordados os porcos destinados à deusa Hestia[82].

FILOCLÊON

Você se atreve a pôr as suas mãos sacrílegas nele?

BDELICLÊON

Não, mas vou realizar um sacrifício começando por Hestia.

FILOCLÊON

Apresente logo a acusação, enquanto eu vejo a pena a ser aplicada.

BDELICLÊON

Espere; vou já buscar para você as plaquetas e o estilete[83].

FILOCLÊON

Essa não! Você me irrita com sua demora; quanto a mim, basta tomar notas na areia do chão.

BDELICLÊON

Está tudo aqui.

FILOCLÊON

Agora exponha a causa.

BDELICLÊON

É o que vou fazer.

Lendo as plaquetas.

Quem é o primeiro inscrito?

Interrompendo a leitura.

Com todos os diabos! Esqueci as urnas para receberem os votos dos juízes.

FILOCLÊON

Não é possível! Para onde você está correndo?

BDELICLÊON

Vou procurar as urnas.

FILOCLÊON

Não é necessário: vamos pôr uns vasos no lugar delas.

BDELICLÊON

Muito bem. Agora nada está faltando... com exceção do relógio.

FILOCLÊON

E este penico? Não pode ser um relógio?

BDELICLÊON

Você sabe quebrar todos os galhos, como todos os atenienses... Depressa! Tragam fogo, ramos de mirto e incenso para invocarmos os deuses.

CORO

Durante as libações e as preces cantaremos com nossos louvores os presentes e a nobre reconciliação que sucedeu às querelas acaloradas entre o pai e o filho.

BDELICLÊON

Façam-se ouvir, então, palavras de bons augúrios.

CORO

Ah! Febo! Ah! Apolo Pítio! Faça com que este processo, instruído por este juiz diante da porta de sua casa, tenha um desfecho feliz, e nos livre de erros!

BDELICLÊON

Deus nosso senhor! Você que preside a entrada de minha casa, receba estes novos sacrifícios que lhe oferecemos pela primeira vez em favor de meu pai! Adoce o humor áspero e austero dele! Deixe cair sobre o coração dele algumas gotas de mel, para que de hoje em diante ele seja clemente para com os homens, mais benevolente para com o acusado que com o acusador, enfim, seja sensível às preces dirigidas a você! Tire do caráter dele todo o fel e todas as folhas de urtiga!

CORO

Dirigindo-se a FILOCLÊON.

Unidos de todo o coração aos sentimentos que você expressou, juntamos nossos votos aos seus neste cargo que você exerce; de fato, você se torna querido por todos nós, depois que vimos você mais zeloso para com o povo que qualquer dos juízes mais novos que você!

Um criado traz dois personagens disfarçados de CACHORROS; *um dos disfarces reproduz as feições de Laques, e o outro as de Clêon.*

BDELICLÊON

Se algum juiz está lá fora, que se apresse a entrar; uma vez iniciadas as falas, ninguém mais poderá entrar!

FILOCLÊON

Quem é este acusado? A que pena ele está sujeito?

XANTIAS

Como se fosse o promotor.

Ouçam agora a acusação: "O cachorro da vila de Cidatenéia acusa Labes, da vila de Aixone, de haver contra toda a justiça devorado sozinho um queijo da Sicília". Que sua pena seja a de usar uma coleira bem apertada!

FILOCLÊON

Ou então uma morte de cão, se ele for condenado.

BDELICLÊON

Aqui está Labes, o outro acusado.

FILOCLÊON

Ah! Bandido! Ele tem mesmo a pinta de um ladrão, e se orgulha de me tapear, rangendo os dentes. Onde está o queixoso, o cachorro de Cidatenéia?

1º CACHORRO

Au! Au!

BDELICLÊON

Aqui está ele!

FILOCLÊON

Este é um outro Labes, bom latidor e lambedor de panelas.

SOSIAS

Como se fosse o arauto.

Silêncio! Todos sentados! Você, objeto da acusação, suba à tribuna!

FILOCLÊON

Durante a fala dele vou me servir de sopa e engoli-la rapidamente.

XANTIAS

Como promotor.

Senhores juízes! Os senhores vão ouvir minha acusação contra este réu. Ele cometeu em relação à cidade e à frota de Atenas um atentado indecoroso. Ele se esgueirou para um canto depois de roubar um enorme queijo da Sicília, aproveitando-se das trevas.

FILOCLÊON

O roubo dele está suficientemente comprovado; o patife acaba de deixar cair no chão um naco de queijo extremamente malcheiroso!

XANTIAS

Pedi a ele que me deixasse provar um pedaço do queijo, mas ele não me atendeu. Quem vai querer ajudar vocês, se seu cachorro fiel não deixou nem um pouquinho para mim?

FILOCLÊON

Ele não lhe deu nada mesmo?

XANTIAS

Nadinha, nem a mim, nem a seu companheiro.

FILOCLÊON

Aí está um trapalhão que vai ferver mais que estas lentilhas.

BDELICLÊON

Em nome dos deuses, meu pai, não profira a sentença antes de ter ouvido as duas partes!

FILOCLÊON

Mas a coisa está clara, meu caro; ela fala por si mesma.

BDELICLÊON

Mas preste atenção para não absolver o acusado; este cachorro é o mais guloso e o mais egoísta que já vi; ele lambe num piscar de olhos todos os cantos de uma... cidade, e devora tudo[84].

FILOCLÊON

E não tenho dinheiro nem para mandar consertar meu vaso...

2º CACHORRO

Então castigue o acusado; uma única cozinha não pode encher a barriga de dois ladrões. Tomara que eu não tenha latido no vazio e em vão, senão nunca mais vou latir.

FILOCLÊON

Quanta falta de vergonha! Aí está um grande trapaceiro! Que pensa você dele, meu galo?

Alguns instantes de silêncio.

Para mim ele diz "sim". Guarda do tribunal! Onde está você? Que alguém me dê um penico!

SOSIAS

Fingindo ser o guarda do tribunal.

Pegue você mesmo o penico; estou ocupado fazendo a citação das testemunhas. Apresentem-se as testemunhas de acusação a Laques! Um prato, um pilão, uma fôrma de queijo, uma grelha, uma panela e outros utensílios de cozinha. Você ainda está mijando? Ainda não acabou?

FILOCLÊON

Apontando para o acusado.

Ainda não, mas penso que aquele ali vai fazer coisa pior; hoje ele vai se borrar.

BDELICLÊON

Dirigindo-se ao CACHORRO acusador.

Então você será sempre tão severo e intratável para com o acusado? Por que esta ferocidade?

FILOCLÊON

Dirigindo-se ao acusado.

Suba à tribuna e defenda-se! Por que este silêncio? Fale!

SOSIAS

Com certeza ele nada tem a dizer.

BDELICLÊON

Você se engana; acontece com ele o que aconteceu há muito tempo com Tucídides[86] quando acusou Péricles; a surpresa da acusação paralisou completamente as mandíbulas de Péricles. Afaste-se; vou assumir a sua defesa. É uma tarefa difícil, senhores juízes, defender um cachorro que é alvo de acusações extremamente odiosas, porém de qualquer maneira falarei. Este cachorro é valente e caça lobos.

FILOCLÊON

Ele é um ladrão e um conspirador!

BDELICLÊON

Não, por Zeus! Não há um cachorro melhor no mundo! Ele seria capaz de cuidar de um grande rebanho de carneiros.

FILOCLÊON

Que importa tudo isto se ele comeu o queijo?

BDELICLÊON

Que importa? Ele luta para defender você, guarda sua casa, e além disto tem outras qualidades. Se ele rouba uma coisinha você deve perdoá-lo. Reconheço que ele não é um grande tocador de cítara.

FILOCLÊON

Eu gostaria de que ele nem soubesse ler; ele não faria a apologia de seu crime.

BDELICLÊON

Ouça minhas testemunhas, juiz imparcial. Aproxime-se, facãozinho, e fale em voz alta; então você, que estava incumbido dos pagamentos, responda com clareza: você não cortou as partes que deveriam ser distribuídas aos soldados?

Um curto silêncio.

Ele confirma que cortou.

FILOCLÊON

Por Zeus! Ele está mentindo!

BDELICLÊON

Julgue benevolentemente, juiz impoluto! Tenha pena do infeliz! Este pobre Labes só via cabeças e barbatanas de peixes; ele nunca fica no mesmo lugar. O outro cachorro só tem de guardar a casa. Ele tem suas razões. Nada se traz para esta casa sem que ele peça a sua parte, e se alguém se recusa a dar leva uma mordida.

FILOCLÊON

Que horror! Por que será que estou cheio de compaixão? Que estará acontecendo comigo? Sinto-me comovido.

BDELICLÊON

Não sacrifique o coitadinho! Onde estão as crianças? Venham, membros da família desolada! Gritem! Rezem! Chorem!

FILOCLÊON

Desçam, desçam, desçam, desçam!

BDELICLÊON

Estou descendo; este chamado enganou muita gente, mas apesar disto desço.

FILOCLÊON

Vá se enforcar! Tenho certeza de que foi unicamente por causa deste purê de lentilhas que me empanturrei.

BDELICLÊON

Afinal de contas, ele está ou não absolvido?

FILOCLÊON

Não sei.

BDELICLÊON

Ah! Meu pai querido! Tenha sentimentos humanos! Receba este voto, passe diretamente para a segunda urna[86], fechando ligeiramente os olhos. Faça com que ele seja absolvido, meu pai!

FILOCLÊON

É impossível, filho; não sei tocar cítara[87].

BDELICLÊON

Venha; eu mesmo vou levar você lá.

FILOCLÊON

Esta é a primeira urna?

BDELICLÊON

Sim; é a primeira.

FILOCLÊON

Vou depositar meu voto nela.

BDELICLÊON

Ele foi enganado e acabou absolvendo sem querer...

FILOCLÊON

Espere; vou derramar os votos. Vamos ver o resultado.

BDELICLÊON

Você vai ver. Labes foi absolvido!

Vendo que o pai estava indisposto.

Meu pai! Meu pai! Que é que você está sentindo?

FILOCLÊON

Ai! Deuses! Água! Depressa!

Aparece um escravo trazendo água para FILOCLÊON.

BDELICLÊON

Volte a si, pai!

FILOCLÊON

Me diga: ele foi mesmo absolvido?

BDELICLÊON

Foi sim, por Zeus!

FILOCLÊON

Estou... perdido!

BDELICLÊON

Não se aflija! Recupere a coragem!

FILOCLÊON

Como vou suportar a idéia de ter absolvido um acusado? Que será de mim? Deuses veneráveis! Me perdoem! Fiz isso tudo sem querer; este não é o meu hábito.

BDELICLÊON

Contenha a sua mágoa, meu pai; quero lhe proporcionar uma boa vida; vou levar você comigo a todos os lugares aonde eu for, às festas, aos banquetes, ao teatro. Você viverá uma vida muito feliz, e Hipérbolo[88] não zombará mais de você. Vamos entrar.

FILOCLÊON

Faça o que quiser.

Entram todos em casa.

PARÁBASE[89]

Vamos até onde a alegria nos chama. Vocês, espectadores incontáveis, não deixem cair por terra as sábias palavras que vou pronunciar: isto seria de esperar de ignorantes, e não de vocês. E agora, cidadãos, prestem atenção ao que vou dizer, se vocês gostam de uma linguagem sincera. Neste momento o poeta deseja dirigir algumas censuras a vocês. Ele acha que tem motivos para se queixar de vocês, ele, que foi muitas vezes o primeiro a ser agradável a vocês.

Primeiro sem dizer o seu verdadeiro nome, escrevendo comédias sob o pseudônimo de outros poetas[90]. Naquele tempo ele imitava a linguagem profética de Euriclés[91], e lhes falava com as entranhas. Depois, enfrentando diretamente o perigo, ele tomou as rédeas nas mãos e guiou sua própria Musa em sua carreira. Cercado de glória e honrarias, como nenhum outro jamais havia recebido, ele não imaginou que havia atingido o ápice da perfeição, e não passou a sentir maior orgulho por isso; jamais ele percorreu os ginásios atléticos para corromper a juventude neles;[92] se algum amante avançava para queixar-se a ele de que a comédia visava o alvo de seus amores, ele jamais se dava por vencido diante do assédio, com a louvável intenção de não atribuir às Musas que o inspiravam o papel de alcoviteiras.

Na primeira vez que ele apareceu com seu próprio nome[93] no teatro, não foram homens que ele teve de enfrentar: ele teve de se armar da força de Heraclés contra monstros terríveis; ele ousou desde o princípio atacar esse Cérbero[94] de dentes afiados, cujos olhares aterradores lançavam chamas como as de Cina[95], e cuja fronte era lambida pelas línguas pervertidas de cem aduladores, reunidos em círculo em volta dele; ele tinha a voz de uma torrente avassaladora, o fedor de uma foca, as coxas de uma Lamia[96], e o ânus de um camelo; diante da visão desse monstro, o terror não lhe arrancou presentes para acalmá-lo. Apesar de tudo isso, até hoje o autor luta por vocês.

No ano passado ele atacou também outros flagelos, outros vampiros[97], que durante a noite estrangulavam os próprios pais e sufocavam os avós; gozando da intimidade de cidadãos inofensivos, eles os perseguiam e os soterravam com processos judiciais, acusações e chicanas; também podia-se vê-los correr em grande número para implorar a proteção do polemarca[98]. Vocês tinham achado um defensor, um salvador, mas o abandonaram no ano passado[99], enquanto ele semeava seus pensamentos mais novos que não tinham sido bem compreendidos. Entretanto, em meio às libações ele toma Dioniso[100] por testemunha de que jamais foram ouvidos melhores versos cômicos. É uma vergonha para vocês o fato de não terem percebido imediatamente o mérito do poeta; mas o poeta não é menos estimado pelos sábios por haver sido espoliado da vitória, embora fosse melhor que seus rivais. No futuro, maravilhosos atenienses, amem e honrem os poetas que buscam idéias novas e invenções; preservem seus pensamentos, esforcem-se por conservá-los como preciosidades em seus cofres; se vocês tiverem este cuidado, suas roupas exalarão durante o ano inteiro um perfume de... esperteza...

Ai de nós, antigamente tão hábeis na dança, tão valentes nos combates e ainda mais valentes na virilidade! Estes belos dias já passaram. Agora a brancura de nossos cabelos iguala a dos cisnes, mas o que ainda resta reencontrará a pujança da mocidade. Nossa maturidade vale mais que os adornos, os trejeitos efeminados e a devassidão de muita gente jovem.

Se algum de vocês, espectadores, vendo as nossas roupas admirar-se de nos ver com a aparência de uma vespa e armados com este ferrão, explicaremos as coisas e dissiparemos a ignorância de vocês. Esta gente armada de ferrão é a gente da Ática, única autóctone e única nobre; raça cheia de coragem e que defendeu muitas vezes esta cidade em combates, na época em que os persas vieram arrasar a nossa terra natal e cobri-la de fogo e fumaça, com o propósito de destruir nossas colméias. Rapidamente cada um de nós empunhou sua lança e seu escudo, e marchou contra o inimigo; combatemos em Maratona e em Salamina impelidos pela cólera, homem contra homem, com os lábios cerrados de fúria; a quantidade de lanças arremessadas impedia a visão do céu. Afinal pusemos em fuga os atacantes quando já anoitecia, com a ajuda dos deuses. Antes da batalha uma coruja havia passado por cima de nosso exército; perseguimos os invasores atacando seus flancos com nossos ferrões. E assim, até hoje os bárbaros não conheceram nada de mais terrível que as vespas áticas. A coragem delas foi inacreditável; nenhum temor as detinha; a bordo de nossas naus acabamos de destruir nossos inimigos. Naquele tempo pensávamos não em fazer discursos artisticamente elaborados, nem em caluniar uns aos outros, mas em nos tornarmos bons remadores. Conquistamos numerosas cidades dos persas. É, então, principalmente ao nosso próprio valor que devemos os tributos que os jovens dilapidam.

Examinando cuidadosamente, vocês encontrarão em nós uma semelhança total com as vespas, tanto pelo caráter como pela maneira de viver. Primeiro, nenhum bicho é mais irascível e mais terrível quando o irritam; depois, todas as nossas ocupações lembram as das vespas. Formamos como elas diversos enxames que se dispersam em colméias diferentes; uns vão julgar junto ao arconte, outros junto aos Onze[101], outros no Odeon[102]; alguns deles, espremidos contra as muralhas da cidade, com a cabeça baixa, apenas mexendo-se, como se fossem larvas em seus alvéolos[103]. Nossa atividade proporciona abundantemente a satisfação de todas as necessidades da vida (para isto, basta picar com nossos aguilhões). Mas temos entre nós zangões indolentes, desprovidos dessa arma, que, sem participar de nossas fadigas, devoram os frutos delas. Para nós é verdadeiramente intolerável ver nossos salários roubados por quem nunca entra em combate, e que jamais faz calos manejando a lança ou o remo para defender a pátria.

Em uma palavra, nossa opinião é que, no futuro, quem não tiver ferrão não porá as mãos nos três óbolos[104].

Sai de casa FILOCLÊON, *mal-humorado, tentando escapar dos cuidados de seu filho, que segue seus passos de perto, acompanhado por um criado que leva num dos braços um manto e numa das mãos um par de sandálias.*

FILOCLÊON

Não! Não tirarei por nada na vida este meu manto, pois só ele me salvou nesta batalha em que Bóreas[105] solta o seu furor!

BDELICLÊON

Parece que você tem pouca curiosidade pelo que é bom.

FILOCLÊON

Pouco me preocupo com roupas bonitas. Há algum tempo eu comia peixe frito na salmoura; eu tinha de dar três óbolos ao limpador de panelas.

BDELICLÊON

Experimente um pouco da vida que estou lhe oferecendo, porque você agora está entregue a mim.

FILOCLÊON

Que é que você está exigindo, então?

BDELICLÊON

Largue este manto grosseiro e ponha no lugar dele um manto mais fino.

FILOCLÊON

Por que você não faz filhos e cuida deles? O meu só quer me reprimir.

BDELICLÊON

Vamos! Segure e não diga mais nada.

FILOCLÊON

Em nome dos deuses! Que é isto?

BDELICLÊON

Isto é um manto persa, que outros chamam de pelúcia.

FILOCLÊON

Pensei que eram retalhos de pele.

BDELICLÊON

Sua ignorância não me causa admiração; você nunca esteve em Sardes[106]. Se você tivesse estado lá conheceria essas coisas, mas em vez disso você não conhece coisa alguma.

FILOCLÊON

Eu? De jeito nenhum! Isto parece muito com o casaco da mulher de Môrico[107].

BDELICLÊON

Não senhor! Este manto foi tecido em Ecbátana[108].

FILOCLÊON

Em Ecbátana as tripas são de lã?

BDELICLÊON

Você acredita que isso é possível? Pois entre os bárbaros este tecido é caríssimo; ele consome uma montanha de lã.

FILOCLÊON

Então seria mais justo chamar ele de "come-lã" em vez de pelúcia.

BDELICLÊON

Vamos! Fique empinado e vista o manto!

FILOCLÊON

Começando a vestir o manto.

Que calor sufocante esta roupa maldita me faz sentir!

BDELICLÊON

Você não quer mesmo vestir esta beleza de manto?

FILOCLÊON

De jeito nenhum! Por que você não me põe logo no forno?

BDELICLÊON

Vamos! Eu mesmo visto ele em você. Chegue mais para perto!

FILOCLÊON

Segure ao menos esta alça.

BDELICLÊON

Para quê?

FILOCLÊON

Para eu sair dele antes de virar água...

BDELICLÊON

Agora tire estas malditas sandálias e use estas da Lacedemônia.

FILOCLÊON

Eu? Suportar em meus pés um calçado feito por nossos piores inimigos?

BDELICLÊON

Ponha o pé dentro e se apóie firmemente.

FILOCLÊON

Isto não vai bem... Você me força a pôr o pé em território inimigo!

BDELICLÊON

Vamos! Agora o outro pé.

FILOCLÊON

Este aqui é impossível. Um dos dedos deste pé tem verdadeiro horror à Lacedemônia.

BDELICLÊON

Não pode ser de outra maneira.

FILOCLÊON

Sou um infeliz por não ter frieira na velhice!

BDELICLÊON

Calce depressa e depois imite a maneira de andar dos ricos e sua marcha rebolada.

FILOCLÊON

Então olhe a minha elegância e me diga: com que rico eu pareço assim?

BDELICLÊON

Com quem você parece? Com uma bolha inflamada e esfregada com alho.

FILOCLÊON

Agora eu gostaria de rebolar.

BDELICLÊON

Vamos ver; você poderá manter uma conversa séria num grupo de homens sabidos e bem-educados?

FILOCLÊON

Com certeza.

BDELICLÊON

De que você vai falar?

FILOCLÊON

De minhas coisas. Primeiro vou dizer como a Lamia[109], sentindo-se apertada, soltou um peido. Depois, como Cardopíon, agarrando sua mãe...

BDELICLÊON

Deixe de lado as fábulas e fale das coisas comuns da vida, que fazem o assunto de nossas conversas em casa.

FILOCLÊON

Também sei contar histórias deste gênero: "Era uma vez um gato e um rato..."

BDELICLÊON

"Criatura boba e grossa", como disse Teagenes ao limpador de latrinas, censurando-o; por que você vai falar de gatos e ratos a criaturas humanas?

FILOCLÊON

Diga, então: de que devo falar?

BDELICLÊON

De personagens ilustres; da missão de que você participou com Androclés e Clistenes[110].

FILOCLÊON

Eu? Nunca participei dessas missões, a não ser da ida a Paros; e me pagaram dois óbolos.

BDELICLÊON

Muito bem! Conte ao menos como Efúdion combateu gloriosamente em uma luta livre contra Ascondo; embora velho e com os cabelos grisalhos, ele foi valente usando os punhos, os flancos e uma ótima couraça.

FILOCLÊON

Pare! Pare! Você não sabe o que está dizendo! Como ele poderia lutar metido numa couraça?

BDELICLÊON

Os sábios conversam assim. Me diga uma coisa: se você estivesse numa festa com estranhos, a propósito de que feitos de sua juventude você gostaria de falar com eles?

FILOCLÊON

O mais belo de meus feitos foi sem dúvida o de ter roubado as estacas de Ergasíon.

BDELICLÊON

Você me deixa tonto! Onde você vai falar de estacas? Conte — isto sim — que você perseguiu um javali ou uma lebre; que você correu sem deixar a tocha se apagar. Fale, enfim, de algum feito de audácia e coragem.

FILOCLÊON

Aqui está um de meus feitos mais corajosos: ainda criança persegui o corredor Fíalo e ganhei dele de longe.

BDELICLÊON

Chega! É melhor você ir se deitar em sua cama a fim de pensar sobre o que é preciso fazer para ser um bom conviva e ter boas maneiras.

FILOCLÊON

Como eu tenho de ficar? Explique, afinal.

BDELICLÊON

Decentemente.

FILOCLÊON

Deitando-se no chão.

Assim, debaixo de uma coberta?

BDELICLÊON

De jeito nenhum!

FILOCLÊON

Como, então?

BDELICLÊON

Estenda as pernas, e como um bom atleta perfume seu corpo embaixo do manto; depois faça o elogio dos vasos de bronze, olhe para o teto, admire as tapeçarias da sala. Peça água para lavar as mãos; mande trazer as mesas; janta-se; depois de lavar bem as mãos, passa-se às libações.

FILOCLÊON

Pelos deuses! Estamos jantando em sonho?

BDELICLÊON

A flautista começa a tocar. Os outros convidados são Teoro, Aisquines, Fano, Clêon, Acéstor e outros, estranhos, ao lado de Acéstor. Você está entre eles. Faça tudo para responder direitinho às canções deles.

FILOCLÊON

Você vai ver! Nenhum montanhês se sairá melhor que eu!

BDELICLÊON

Vou ver. Faça de conta que sou Clêon; eu canto primeiro o "Harmódio"; você canta depois de mim: "Jamais houve homem assim em Atenas..."

FILOCLÊON

"Um ladrão muito astucioso..."

BDELICLÊON

É isto que você vai responder? Você não agüentará os gritos dele; ele ameaçará de pôr você a perder, de arruiná-lo, de expulsar você da cidade.

FILOCLÊON

Se ele me ameaçar eu vou cantar assim: "Olá, homem furioso! Você quer pôr esta cidade de pernas para o ar? Ela já caminha para a ruína".

BDELICLÊON

E quando Teoro[111], deitado aos pés de Clêon, cantar segurando a mão dele: "Amigo, você já conhece a história de Ádmeto; ame, então, os valentes", com que canção você responderá?

FILOCLÊON

Respondo no mesmo tom: "Eu não poderia ter a astúcia da raposa, nem ser amigo dos dois lados".

BDELICLÊON

Esquines, filho de Selo, homem sábio e músico talentoso, replicará depois dele e dirá: "Bens e riqueza para Clitagora[112] e para mim, com os tessálios..."

FILOCLÊON

Dispensamos perfeitamente uns e a outra.

BDELICLÊON

Quanto a isso, você sabe também o que é necessário. Mas já está na hora de irmos jantar em casa de Filoctêmon.

Chamando.

Rapaz! Rapaz! Ponha o jantar na cesta! Queremos nos embriagar um pouco.

FILOCLÊON

Não! Não! É perigoso beber. Quando se bebe as portas se quebram; as pedradas, as pancadas de porrete acontecem logo; e depois de curtida a bebedeira, temos de pagar as custas de nossas tolices.

BDELICLÊON

Não é isto o que acontece entre as pessoas de bem; elas se apressam a pedir desculpas ao ofendido; ou você mesmo diz umas palavras agradáveis, ou conta alguma fábula de Esopo, ou algum conto apimentado que você ouviu em outra mesa; você leva tudo na brincadeira e eles deixam você ir embora.

FILOCLÊON

Então eu tenho de aprender uma porção de histórias, já que este é o meio de não ser castigado pelo mal que se faz. Vamos embora; que nada nos retenha.

BDELICLÊON e FILOCLÊON saem, seguidos pelo criado que leva a cesta onde está o jantar[113].

CORIFEU

Muitas vezes dei provas de saber levar a vida, sem nunca fazer grosserias como Aminias filho de Selo, da família de Crôbilo, que há algum tempo vi comendo na mesa de Leagoras[114], trazendo como contribuição uma maçã e uma romã; ele não é mais faminto que Antifon; foi numa delegação, mas lá, só, ele se comunicava com os avarentos como ele, e ele mesmo era mais avarento que todos os outros avarentos.

Ah! Feliz Automenes! Invejo sua ventura! Seus filhos são os artistas mais dotados; o primeiro, homem bem-educado e querido por todos, é um excelente citarista, e a graça está em tudo que ele faz; o outro é ator, e seria difícil dizer até que ponto é um ótimo artista; depois vem Arifrades, o mais admirável de todos; o pai dele garante que o filho nunca teve mestres, e só a natureza lhe ensinou a usar a língua todas as vezes que ia aos prostíbulos.

Algumas pessoas dizem que eu mudava de tom quando Clêon me perseguia ferozmente e me cobria de insultos; enquanto eu era maltratado ignominiosamente, os espectadores riam de meus gritos, sem se preocupar comigo, mas somente para ver se, em minha desventura, eu deixava escapar alguma palavra ferina. Percebi tudo, e fiz então algumas macaquices tolas. Mas eis que hoje Clêon está decepcionado[115].

Entra XANTIAS *gemendo e se esfregando.*

XANTIAS

Ah! Tartarugas três vezes felizes! Como invejo a dureza da carapaça de vocês! Com que sábia previdência vocês guarneceram seus costados com uma armadura impenetrável! Minhas costas estão marcadas de cacetadas!

CORIFEU

Que há com você, rapaz? (Mesmo um velho merece este nome quando deixa que batam nele.)

XANTIAS

Acontece que nosso velhote se tornou pior que a peste, e o mais sem-vergonha dos convidados. Embora existam Hípilo, Antifon, Lícon, Lisístrato, Teofrasto e Frínico, ele ultrapassou todos em descaramento. Logo que se empanturrou de comidas gostosas ele começou a dançar, a pular, a rir, a peidar como um jumento cheio de cevada, e a me espancar com toda a força gritando: "Copeiro! Copeiro!". Lisístrato, vendo-o naquele estado, passou uma descompostura nele dizendo: "Você parece um mendigo que ficou rico, velhote, ou um jumento correndo no estábulo". "E você", respondeu o outro gritando, "parece um gafanhoto carcomido, ou Stênelo[116] depois que roubaram as roupas dele". Todos aplaudiram, menos um só — Teofrasto —, que mordia os lábios como um homem educado. Então o velhote se dirigiu a ele: "Me diga: por que você é tão posudo e banca o auto-suficiente e vaidoso, você que passa a vida divertindo os ricos com suas palhaçadas?" Era assim que ele fazia com cada convidado em suas brincadeiras grosseiras, jogando para todos os lados gracejos de mau gosto e impertinentes. Finalmente ele ficou num estado de completa embriaguez, espancando todos que encontrava pela frente. Mas aí ele avançou contra mim trocando as pernas, e eu saí correndo para evitar as porradas dele.

XANTIAS *torna a entrar em casa.* FILOCLÊON *chega, bêbedo e descomposto, perseguido pelas pessoas que havia maltratado, trazendo consigo uma* FLAUTISTA *nua e uma tocha acesa.*

FILOCLÊON

Me deixem! Saiam daqui! Vou fazer um estrago em alguns daqueles que me perseguem! Então? Vocês vão embora ou não, tratantes? Se não forem eu vou assar a carne de vocês com esta tocha!

CONVIDADO

Você pode ter certeza de que amanhã pagará por tudo isto que está fazendo, abusando desta falta de vergonha de mocinho pretensioso. Viremos todos nós, os juízes, intimar você a comparecer ao tribunal!

FILOCLÊON

Essa não! Me intimar! Isto é velharia! Vocês sabem que já não posso nem ouvir a palavra "processo"? Não! Não! Agora tenho outros passatempos; joguem fora as urnas! Afinal, vocês irão embora? Onde está o juiz? Que ele vá se enforcar!

Dirigindo-se à FLAUTISTA.

Venha cá, minha mariposinha linda! Venha apertar o meu peru na mão! Segure, mas com cuidado, pois ele está muito usado, embora tenha sido manipulado direitinho. Você viu como poupei você com muito jeito dos caprichos indecorosos dos convidados? Em compensação você deve ser muito boazinha com o meu peru. Mas você não vai ser boazinha; sei muito bem que você não vai nem tentar. Você zombará de mim, rirá no meu nariz, como já fez com muitos outros. Mas se você não quiser ser má, logo depois da morte de meu filho eu faço a sua independência, e vou querer você para ser minha amante, minha jóia. Agora não posso dispor de meus bens; ainda sou moço (me olhe com atenção!), e meu filho não tira os olhos de mim; ele é uma criatura implicante, sordidamente avarento; ele se preocupa muito comigo e tem medo de me perder, pois sou o único pai dele; mas ele está vindo em nossa direção. Comporte-se como uma estátua e pegue estas tochas; quero zombar atrevidamente dele, como ele fazia comigo antes de minha iniciação.

A FLAUTISTA pega as tochas. Entra BDELICLÊON apressado.

BDELICLÊON

Ah! Velho libertino! Parece que você adora os caixões de defunto bonitos, mas juro que isto não vai ficar assim!

FILOCLÊON

Você gostaria muito de comer um processo com molho picante.

BDELICLÊON

Não é péssimo fazer estas coisas e tirar dos convidados a flautista deles?

FILOCLÊON

Que flautista? Você perdeu o juízo, ou faz como se estivesse saindo de uma sepultura?

BDELICLÊON

Estou falando desta dardaniana[117] que está aqui com você.

FILOCLÊON

Isto aqui? É uma tocha que pegou fogo na praça pública em honra dos deuses.

BDELICLÊON

Uma tocha?

FILOCLÊON

Com certeza. Você não vê que ela é de cores diferentes?

BDELICLÊON

Que é essa coisa preta que estou vendo no meio da tocha?

FILOCLÊON

É resina derretida que ela deixa sair quando queima...

BDELICLÊON

Que é que estou vendo do outro lado? Não é uma bunda?

FILOCLÊON

É o outro lado da tocha...

BDELICLÊON

Que é que você está dizendo? Que lado?

Dirigindo-se à FLAUTISTA.

Venha!... Venha cá!

FILOCLÊON

Mas, que pretende você fazer?

BDELICLÊON

Levar você daqui e ela também; você está muito gasto; não pode fazer mais nada.

FILOCLÊON

Me ouça um instante. Eu estava nos Jogos Olímpicos quando Efúdion lutou valentemente contra Ascondo; ele era velho, mas mesmo assim derribou o moço. Então, tome cuidado para não ficar com os olhos inchados.

BDELICLÊON

Por Zeus! Você conhece bem Olímpia[118].

Entra uma vendedora de pão com o cesto vazio e acompanhada por CAIREFON como testemunha.

PADEIRA

Dirigindo-se a CAIREFON.

Em nome dos deuses, venha cá me socorrer!

Apontando para FILOCLÊON.

Este homem me arruinou! Ele me afastou com sua tocha e me fez derribar dez pães de um óbolo e outros quatro ainda mais caros!

BDELICLÊON

Dirigindo-se a FILOCLÊON.

Você vê o que fez? Sua falta de vergonha vai provocar questões e processos judiciais.

FILOCLÊON

De jeito nenhum! Pequenos acertos de contas resolvem as maiores questões. Sei perfeitamente como me entender com ela.

PADEIRA

Pelas duas deusas[119], você estragou minha mercadoria mas vai me pagar! Eu, Mórtia, filha de Ancílion e de Dóstrata, não vou deixar que abusem de mim sem levar o troco!

FILOCLÊON

Escute, menininha; vou lhe contar uma história muito bonita.

PADEIRA

Não quero ouvir história nenhuma!

FILOCLÊON

Um dia Esopo[120], voltando do jantar, viu-se perseguido por uma cadela indecorosa e bêbeda que não parava de latir. "Cadela", disse ele, "você faria melhor negócio trocando sua má língua por um pedaço de pão."

PADEIRA

Você está me gozando? Muito bem! Seja você quem for vou levar você à presença das autoridades[121] para obter reparação pelo prejuízo que me causou. Cairefon, que está aqui, será minha testemunha.

FILOCLÊON

Ao menos me ouça, moça, pois posso ter alguma coisa a lhe dizer. Laso e Simonides[122] um dia disputavam para saber qual dos dois era mais talentoso, e Laso então disse: "Pouco me importa!"

PADEIRA

Dirigindo-se a CAIREFON.

De fato! É assim mesmo!

FILOCLÊON

E você, Cairefon, vai então ser testemunha de uma mulher de cara pálida, de Ino[123] precipitando-se de um rochedo aos pés de... Eurípides?

Saem a PADEIRA e CAIREFON. Entra um ACUSADOR muito ferido trazendo uma TESTEMUNHA.

BDELICLÊON

Dirigindo-se a FILOCLÊON.

Vem chegando outra pessoa que parece estar aqui também para processar você. Ele está trazendo uma testemunha.

ACUSADOR

Ai! Como sou infeliz! Acuso você de me ultrajar, velhote!

BDELICLÊON

De ultrajar você? Em nome dos deuses eu suplico: não acuse ele! Eu lhe pago em nome dele a indenização que você exigir, e você ainda terá todo o meu reconhecimento.

FILOCLÊON

Eu mesmo quero me reconciliar com ele; reconheço que bati nele e o apedrejei.

Dirigindo-se ao ACUSADOR.

Venha cá; você me deixa estipular, eu mesmo, a reparação que lhe devo, ou você prefere dizer quanto é?

ACUSADOR

Diga você, pois detesto os processos e discussões na Justiça.

FILOCLÊON

Um sibarita[124] caiu de seu carro e ficou gravemente ferido na cabeça; ele não era um bom escudeiro; um de seus amigos chegou e lhe disse: "Que cada um faça aquilo em que é competente!" Da mesma forma, o que você tem a fazer é ir procurar Pítalo, o médico.

BDELICLÊON

Você continua o mesmo!...

ACUSADOR

Dirigindo-se à sua TESTEMUNHA.

Lembre-se bem da resposta que você deve dar.

FILOCLÊON

Ouça! Não se afaste. Um dia, em Síbaris, uma mulher arrombou o cofre onde eram guardados os processos.

ACUSADOR

Eu tomo você também como testemunha!

FILOCLÊON

Aí o cofre pegou uma testemunha; então a sibarita disse a ela: "Por Perséfone! Você mostraria muito mais sabedoria se deixasse de lado as testemunhas e comprasse depressa algumas ataduras."

ACUSADOR

Faça-se de insolente até a hora de o juiz chamar a si o processo.

O ACUSADOR sai com a TESTEMUNHA.

BDELICLÊON

Dirigindo-se a FILOCLÊON.

Por Deméter! Você não vai ficar muito tempo aqui; vou levar você para casa à força!

FILOCLÊON

Que é que você está fazendo?

BDELICLÊON

Exatamente o que estou fazendo. Quero tirar você daqui; se eu não fizer isto já, logo vão faltar testemunhas para todas as pessoas que acusam você.

FILOCLÊON

Um dia Esopo, estando em Delfos...

BDELICLÊON

Pouco me importam as suas fábulas.

FILOCLÊON

... foi acusado de ter roubado os vasos sagrados de Apolo; então ele contou a quem estava lá que um dia um escaravelho...

BDELICLÊON

Você me incomoda com seus escaravelhos.

BDELICLÊON leva FILOCLÊON para dentro de casa.

CORIFEU

Parabéns a você, velhote! Que mudança em sua vida dura e chata! Convertido a outros princípios, de hoje em diante ele provará as doçuras do luxo e dos prazeres; mas talvez ele se recuse ao resto, pois é difícil deixar de lado o caráter que sempre se teve. Mas muitos conseguiram isto. Os conselhos de outras pessoas às vezes mudam nossos hábitos. Haja o que houver, todos os homens sábios farão, como eu, elogios aos ternos cuidados do filho de Filoclêon. Nunca vi um jovem tão suave, e nenhum com o jeito tão amável, e que me proporcionasse tanta alegria. Em todas as razões que opôs a seu pai, ele não levou sempre vantagem? Ele queria somente trazê-lo de volta a uma existência mais digna deste nome.

XANTIAS

Saindo de casa.

Por Diôniso! Que deus trouxe para nossa casa a perturbação e a bagunça? Nosso coroa, esquentado pelo vinho e pelo som da flauta, em seu arrebatamento infatigável repete a noite inteira as danças antigas retratadas por Téspis[125]. Ele afirma agora mesmo, dançando, que os autores de tragédias de nossos dias são uns tolos.

FILOCLÊON e BDELICLÊON saem de casa; FILOCLÊON, vestido de Polifemo para parodiar o drama satírico Os Cíclopes *de Eurípides, dança de maneira ridícula.*

FILOCLÊON

Declamando até o fim.

Quem está sentado na porta de entrada?

XANTIAS

Também declamando.

Eis que se aproxima o flagelo!

FILOCLÊON

Retirem os obstáculos! A dança começou!

XANTIAS

Ou melhor dizendo: a loucura começou!

FILOCLÊON

Ela aperta meus flancos impetuosamente! Como minhas narinas bufam! Como minhas vértebras estalam!

XANTIAS

Beba o heléboro!

FILOCLÊON

Frínico[126] espanta seus rivais de maneira terrível, como se fosse um galo no terreiro...

XANTIAS

Você assim acaba me atingindo.

FILOCLÊON

... jogando as pernas para o céu.

XANTIAS

Seu traseiro se abriu!

FILOCLÊON

Cada um cuide de si, pois agora com que leveza meus membros rodam nas articulações! Não estou dançando bem?

Entra BDELICLÊON.

BDELICLÊON

Não há nada de bom em tudo isto; é só loucura!

FILOCLÊON

Vamos ver; desafio meus rivais. Se algum ator trágico quer dançar graciosamente, venha se juntar a mim. Algum deles se apresenta?

BDELICLÊON

Só se apresenta um.

Entra um DANÇARINO.

FILOCLÊON

Quem é o infeliz?

BDELICLÊON

É o segundo filho de Carcino[127].

FILOCLÊON

Logo ele estará fora de combate; vou esmagá-lo com meus golpes cadenciados, pois ele nada entende de ritmo.

Entra outro DANÇARINO.

BDELICLÊON

Ah! Infeliz! O irmão dele, o terceiro trágico da família de Carcino, está avançando!

FILOCLÊON

Tudo bem! Agora vou ter pratos feitos para o meu jantar!

BDELICLÊON

Garanto que você só terá caranguejos[128]. Está chegando outro filho de Carcino.

FILOCLÊON

Que é que estou vendo ali? É um camarão ou uma aranha?

BDELICLÊON

É um tatuí, o último da família, também autor de tragédias.

FILOCLÊON

Carcino, pai afortunado! Que bando de pardais dançarinos veio pousar aqui! Mas tenho de enfrentar todos eles! Preparem a salmoura, se eu for o vencedor.

CORO

Vamos deixar um pouco de espaço, para que eles possam fazer piruetas diante de nós.

1º SEMICORO

Filhos ilustres de um pai marinho[129], irmãos dos tatuís, pulem sobre a areia, sobre a praia árida do mar!

2º SEMICORO

Agitem seus pés ligeiros fazendo roda! Dêem pulos à maneira de Frínico, para que, vendo no ar as pernas de vocês, os espectadores gritem de admiração!

CORO

Façam as pernas rodarem, dêem volteios em torno de si mesmos, batam na barriga, joguem as pernas para o ar, façam piruetas como os saltimbancos! Eis aqui o próprio senhor do mar[130], o pai de seus próprios rivais, que avança orgulhoso de sua tripla descendência. Mas se estas danças agradam a vocês, deixem que nós saiamos, dançando cada vez mais depressa, pois até hoje ninguém mandou sair do palco um coro de comédia!

FIM

NOTAS

1. Literalmente: "ou com o delírio dos Coribantes", que eram os sacerdotes da deusa Cibele. Para as alusões mitológicas em geral, consultar o *Dicionário de mitologia grega e romana* publicado por Jorge Zahar Editor.

2. Cleônimo era um cidadão muito covarde em Atenas na época de Aristófanes; ele jogou várias vezes o escudo fora para poder fugir do inimigo com maior facilidade.

3. A nau em que viajavam as altas autoridades do governo ateniense.

4. A Pnix era a praça pública na qual os atenienses se reuniam para debater os assuntos políticos da cidade.

5. Togas e bastões eram as insígnias dos juízes.

6. Xantias imagina que a baleia é o famoso demagogo ateniense Clêon.

7. A mesma palavra grega (*demôs*) pode significar "gordura" e "povo"; a única diferença está na acentuação (*démos* = povo, e *demôs* = gordura).

8. Teoro era um político mencionado em outras comédias de Aristófanes. Alcibíades, a seguir, era outro político ateniense famoso e mal conceituado; quando falava, trocava o "r" pelo "l".

9. Dizia-se na época "vá para os corvos" querendo significar "vá se enforcar", como dizemos hoje "vá para o inferno".

10. O óbolo era a moeda de menor valor na época em Atenas.

11. A expressão "gargalhada à maneira de Mégara" era proverbialmente usada para caracterizar um gênero de humor grosseiro.

12. O herói lendário Heraclés (o Hércules dos latinos) caracterizava-se por sua gula.

13. Aristófanes não apreciava as tragédias de Eurípides em geral e seu autor, e não se cansa de censurá-lo como poeta. Cf. *As rãs* neste volume.

14. Aminias era arconte, a mais alta autoridade em Atenas.

15. A clepsidra é um instrumento para medir o tempo com água.

16. Como se tivesse entre os dedos a pedrinha arredondada que os juízes punham numa urna para que fosse votada a condenação ou absolvição de um acusado nos tribunais.

17. Ofereciam-se pitadas de incenso aos deuses, pondo-as sobre brasas.

18. Demo era um belo rapaz com muitos pretendentes, como era habitual na Grécia antiga entre os rapazes.

19. Para a condenação os juízes traçavam uma longa linha numa plaqueta de madeira coberta de cera.

20. Sacerdotes frígios da deusa Cibele em rituais bárbaros.

21. Cidade próxima a Atenas.

22. Deus da medicina dos gregos (o Esculápio dos latinos). Veja-se a comédia de Aristófanes *Um deus chamado dinheiro*, publicada por Jorge Zahar Editor.

23. Ou seja, amigo de Clêon, o famoso demagogo ateniense que exercia grande influência nas assembléias e tribunais de Atenas.

24. Ou seja, inimigo de Clêon.

25. Poseidon era o deus dos mares (o Netuno dos latinos), e irmão de Zeus, o deus maior da mitologia grega.

26. Dracontides era um cidadão ateniense de má fama.

27. O "deus de Delfos" é Apolo, deus dos oráculos.

28. Odisseu era o Ulisses dos latinos. Este trecho é uma paródia do canto IX da *Odisséia* de Homero.

29. Resposta de Odisseu ao Cíclope no canto IX da *Odisséia*. Ítaca, logo depois, era a terra em que Odisseu reinava.

30. Nome fictício que traz à idéia uma fuga.

31. Porque Filoclêon foi para baixo do animal, como o filhote que vai mamar.

32. Provérbio grego a que Demóstenes alude (no fim da oração *Sobre a paz*): um jovem ateniense havia alugado um jumento para ir até Mégara. No meio do caminho o calor se tornou insuportável e o jovem quis abrigar-se à sombra do jumento. O dono do jumento alegou que o locador não havia alugado a sombra do jumento, e os dois se engajaram numa discussão interminável, muito ao gosto dos gregos.

33. Literalmente "heliasta", título dos juízes em Atenas.

34. Squione era uma cidadezinha da Trácia que os atenienses levaram dois anos para conquistar.

35. Poeta trágico dos mais antigos, que estava no apogeu no início do século V a.C.

36. Laques foi um general ateniense na catastrófica expedição à Sicília, famoso por sua avareza e provavelmente enriquecido com o dinheiro da cidade.

37. Cf. nota 35.

38. O ricaço provavelmente era Clêon.

39. As crianças pobres brincavam com ossinhos.

40. A mais alta autoridade da cidade.

41. Literalmente: "o caminho sagrado de Hele". Hele, heroína da mitologia grega; raptada através dos ares por um carneiro alado, amedrontou-se com o ruído das ondas enquanto atravessava o mar Negro; a heroína se afogou no estreito que à época passou a ser chamado Helésponto (atual estreito de Dardanelos) em homenagem a ela.

42. Paródia de versos da tragédia *Teseu*, de Eurípides, de que nos restam apenas fragmentos.

43. Os gregos andavam geralmente com uma sacola de couro, onde punham as compras que faziam.

44. Na *Odisséia*, Odisseu disfarçou-se de mendigo para não ser reconhecido pelos pretendentes à mão de Penélope.

45. Dictina era uma das divindades da caça na mitologia grega, ou um simples epíteto de Ártemis (a Diana dos latinos).

46. Deméter e Perséfone, deusas dos mistérios.

47. Orador contemporâneo de Aristófanes, conhecido por seus arroubos de eloqüência.

48. Divindade secundária de que havia um busto em frente aos tribunais.

49. Cf. a nota 8 para Teoro.

50. Cf. nota 12.

51. Filipe era um orador e sicofante ateniense contemporâneo de Aristófanes.

52. Nomes de escravos.

53. Um dos primeiros reis de Atenas.

54. Provavelmente um mau poeta da época.

55. General do exército espartano.

56. Para caracterizar a imaturidade de Bdeliclêon.

57. Este Hípias foi tirano de Atenas no período de 527-510 a.C.; no original grego há um trocadilho entre o nome de Hípias e "hippikôs", que é relativo à equitação.

58. Mórico era um poeta trágico ateniense amante da boa vida.

59. Quando completavam certa idade os filhos de pais atenienses livres faziam sua declaração de idade e de sexo diante de um juiz.

60. Ôiagro era um ator célebre na época de Aristófanes.

61. Tragédia de Ésquilo (ou de Sófocles), na qual Ôiagro desempenhava o papel principal.

62. Orador de má fama na época de Aristófanes.

63. Alusão ao nome de Cleônimo, que também significava "adulador".

64. Adulador famoso por sua subserviência.

65. Até hoje no Oriente Próximo e Médio os comerciantes põem moedas na boca para atrair a riqueza.

66. Uma das deusas mais poderosas do panteão grego, protetora do lar.

67. Lugar para onde iam as melhores criaturas humanas após a morte.

68. Cronos (o Saturno dos latinos) era um dos deuses mais antigos da mitologia grega; dizer "filho de Cronos" equivalia a dizer "velho caduco".

69. Os pais que assassinavam seus próprios filhos eram proibidos de participar das cerimônias religiosas na Grécia antiga.

70. Na Grécia antiga faziam-se cálculos com pedrinhas arredondadas.

71. O talento era a moeda de maior valor na Grécia antiga.

72. Cono tinha sido professor de música de Sócrates, e nada mais civicamente.

73. Caireas não era sequer cidadão ateniense.

74. Na Grécia antiga considerava-se esse leite tão bom quanto a ambrosia, o manjar dos deuses.

75. Verso de Eurípides na tragédia perdida *Belerofon.*

76. Hades era o deus maior do mundo dos mortos, e também o nome desse mundo.

77. Literalmente "pelo tesmoteta", que era um dos arcontes e tinha a incumbência de supervisionar a aplicação da justiça.

78. Cf. nota 65.

79. Cf. nota 48.

80. Uma balaustrada como a do tribunal.

81. O nome Labes faz lembrar o nome de um general ateniense na época (Laques), que se deixou subornar pelo inimigo na malograda expedição militar do exército ateniense à Sicília.

82. Hestia era a deusa protetora do lar.

83. As notas no tribunal eram escritas com um estilete numa plaqueta de madeira encerada.

84. Alusão à voracidade insaciável dos políticos atenienses da época quanto à riqueza.

85. Bom orador ateniense, que acusou Péricles de traição. Péricles permaneceu mudo e foi exilado.

86. Nos tribunais atenienses havia duas urnas, uma para os votos de condenação e a segunda para os votos de absolvição dos réus.

87. Ou seja, "não sei absolver".

88. Hipérbolo era um demagogo perigoso na época em Atenas.

89. Na parábase o autor da comédia dirige, por intermédio do Corifeu, as censuras que acha cabíveis aos espectadores na qualidade de cidadãos de Atenas.

90. As primeiras comédias de Aristófanes foram encenadas sob os nomes de Calístrato e Filonides, porque o comediógrafo ainda não tinha completado a idade imposta pelas leis atenienses para participar dos festivais onde eram representadas as comédias.

91. Euriclés era um adivinho ventríloquo em Atenas no início da carreira de Aristófanes.

92. Toda esta verrina de Aristófanes é contra Sócrates.

93. Apresentando a comédia *Os cavaleiros* em 424 a.C.

94. Cérbero era o cão terrível que guardava as portas do inferno.

95. Prostituta famosa em Atenas na época.

96. Lamia era um monstro lendário horrível, que devorava as criancinhas.

97. Os sicofantes, caluniadores e delatores profissionais em Atenas.

98. Polemarca era o terceiro arconte na hierarquia ateniense.

99. Quando Aristófanes encenou *As nuvens*, os atenienses lhe deram apenas um segundo lugar.

100. Deus do vinho e do teatro, o Baco dos latinos.

101. Juízes incumbidos de julgar os roubos e de providenciar a aplicação das penas aos culpados.

102. O Odeon era um teatro construído em Atenas por iniciativa de Péricles. Em frente a ele distribuía-se farinha de trigo aos atenienses necessitados.

103. Juízes incumbidos de zelar pela conservação das muralhas e julgar as causas relativas ao assunto.

104. Os três óbolos que os juízes ganhavam por sessão nos tribunais.

105. Vento tempestuoso que provocava muitos naufrágios com sua violência.

106. Cidade da Lídia (na Ásia Menor), famosa pelo luxo e ostentação de seus habitantes.

107. Cf. nota 58.

108. Capital da antiga Média.

109. Cf. nota 96.

110. Aristófanes censura aqui os cidadãos atenienses por escolherem as pessoas mais desprezíveis, como Androclés e Clistenes (um escravo e um mendigo) para missões importantes.

111. Cf. nota 8. Teoro, além de político, era um grande adulador.

112. Poetisa famosa na época.

113. Em Atenas os convidados para jantares levavam comida numa cesta.

114. Leagoras era um gastrônomo famoso na época.

115. Literalmente: "faltou estaca para a parreira de Clêon", provérbio que significa "ficar frustrado".

116. Ator trágico de péssima categoria.

117. Muitas flautistas vinham da Dardânia, cidade da Troas (na Ásia Menor).

118. Olímpia era a cidade grega onde se disputavam os Jogos Olímpicos na Antiguidade.

119. Deméter e Perséfone.

120. O famoso fabulista grego.

121. Literalmente: "dos agoránomos", juízes incumbidos de resolver todas as questões referentes ao comércio.

122. Laso teria sido professor do grande poeta Simonides.

123. Heroína de tragédias de Eurípides.

124. Sibaritas eram os naturais de Síbaris, cidade muito rica, na Itália antiga, famosa pela *dolce vita* de seus habitantes.

125. Téspis foi o criador da tragédia em sua forma definitiva.

126. Outro tragediógrafo antigo.

127. Carcino é outro autor trágico antigo não muito apreciado; seus filhos foram dançarinos medíocres.

128. Um trocadilho, pois "carcino" significa caranguejo.

129. O "pai marinho" era Carcino (caranguejo).

130. Ainda Carcino.

As Aves

Época da ação: Século V a.C.
Cenário: inicialmente um lugar ermo, rochoso; depois uma floresta, e finalmente as alturas por onde voam as aves.
Primeira representação: 414 a.C.

PERSONAGENS

EUELPIDES
UM GAIO
PISTÊTAIRO
ESCRAVO
UMA POUPA
UM FLAMINGO
CORO de homens fantasiados de aves e pássaros
CORIFEU
ARAUTO
UM ROUXINOL
SACRIFICADOR
POETA
ADIVINHO
MÊTON, geômetra famoso
INSPETOR
XANTIAS }
MANES } Escravos (personagens mudos)
PREGOEIRO público
MENSAGEIROS
A deusa ÍRIS, mensageira de Zeus
ADOLESCENTE
CINÉSIAS, poeta ditirâmbico
SICOFANTE (denunciante)
PROMETEU
POSEIDON
TRÍBALO
HERACLÉS
ESCRAVO de Pistêtairo
ENVIADO
SOBERANIA (personagem muda)

Cenário

Local ermo, rochoso e cheio de moitas; ao fundo vê-se uma floresta, e ao lado um rochedo, morada da Poupa.

Euelpides

Dirigindo-se ao Gaio *que lhe serve de guia.*

Devo seguir sempre em linha reta? É para o lado desta árvore?

Pistêtairo

Segurando uma gralha.

Que a peste acabe com você! Aqui está uma gralha que não pára de grasnar andando para trás.

Euelpides

Para que caminhar assim sem rumo, meu rapaz? Estamos nos matando, procurando em vão a nossa rota, indo para um lado e para o outro.

Pistêtairo

Devo ter feito alguma bobagem seguindo a gralha, que me fez percorrer mais de mil estádios[1] de caminho.

Euelpides

E eu a bobagem de seguir este gaio maldito, que roeu as unhas de meus dedos dos pés.

Pistêtairo

Para falar a verdade, não sei mais onde estamos.

Euelpides

Você poderia chegar à sua pátria indo por aqui?

PISTÊTAIRO

De jeito nenhum! Nem eu, nem Execestides[2].

EUELPIDES

Ai de nós!

PISTÊTAIRO

Experimente este caminho, companheiro.

EUELPIDES

Ah! Como o vendedor de passarinhos do mercado de aves nos tapeou, esse Filóstrato maluco! Ele disse que estas duas aves, melhor que todas as outras, nos mostrariam a morada de Tereu, que foi transformado em poupa. Ele nos vendeu este gaio, filho de Tarrelides[3], por um óbolo, e a gralha por três, mas os dois só sabem dar bicadas dolorosas.

Dirigindo-se ao GAIO.

Você aí, por que está abrindo o bico assim? Você ainda vai nos conduzir pelo meio dos rochedos? Não passa estrada nenhuma por aqui?

PISTÊTAIRO

Não há nem uma vereda!...

EUELPIDES

E a gralha também não diz nada sobre nosso caminho?

PISTÊTAIRO

Nadinha! Ela grasna agora como sempre grasnou.

EUELPIDES

Que diz ela, então, sobre o caminho?

PISTÊTAIRO

Que quer você que ela diga senão que lá no fim do caminho ela vai ter comido os meus dedos dos pés?

EUELPIDES

Não é estranho que, com toda a nossa vontade de ir até para o inferno, e com todas as providências tomadas para chegar lá, não se possa achar nem o caminho?

Dirigindo-se aos espectadores.

Mas afinal vocês que me escutam vão saber que nossos males são completamente diferentes dos de Sacas[4]. Ele não é cidadão de Atenas, mas quer ser de qualquer maneira; e nós, cidadãos legítimos, nós, de uma tribo e de nascimento ilustres, sem que nos expulsassem levantamos nosso vôo para longe da pátria correndo com as pernas bem abertas. Não é por ódio à nossa terra natal; não é porque ela não seja grande e opulenta para todos aqueles que desejam... se arruinar. De fato, as cigarras cantam somente durante um mês ou dois nas figueiras, enquanto os atenienses cantam durante toda a vida deles, empoleirados em processos judiciais. É isto que nos leva a fazer esta viagem; munidos de uma cesta, de um pote de água e de ramos de mirto[5], vamos procurando por toda parte um lugar bem tranqüilo, onde possamos nos instalar e viver nossos dias em paz. Vamos neste passo em direção a Tereu, a poupa, para perguntar se nas regiões por onde ela passou já viu um lugar parecido com o que estamos procurando.

PISTÊTAIRO

Oba!

EUELPIDES

Que é que há?

PISTÊTAIRO

Há algum tempo a gralha está fazendo sinal de que há alguma coisa lá em cima onde ela está.

EUELPIDES

Esta gralhinha também olha para o ar, como se quisesse me mostrar alguma coisa. Tem de haver aves aqui. Vamos saber já, fazendo barulho.

PISTÊTAIRO

Você sabe o que temos de fazer? Dê um chute nesta rocha.

EUELPIDES

E você bate com a cabeça, para que o barulho seja duplo.

PISTÊTAIRO

Está bem: você bate com uma pedra.

EUELPIDES

Agora mesmo, se você quiser. Escravo! Escravo!

PISTÊTAIRO

Que é que você está dizendo? Você quer chamar uma poupa gritando: "Escravo"? Em vez de "Escravo" você deve gritar: "Poupa"!

EUELPIDES

Poupa! Poupa! (Silêncio) Tenho de gritar mais uma vez: Poupa! Poupa!

O ESCRAVO, que está com a POUPA no braço, sai da moita.

ESCRAVO

Quem vem lá? Quem é que meu senhor está chamando?

EUELPIDES

Ah! Apolo Salvador! Que bicão!

ESCRAVO

Deuses! Que estou vendo? São caçadores de passarinhos!

EUELPIDES

Que figura assustadora! E a fala dele não é nada bonita!

ESCRAVO

Vocês que se danem!

EUELPIDES

Mas nós não somos criaturas humanas.

ESCRAVO

Quem são vocês, então?

EUELPIDES

Sou o treme-treme, uma ave africana.

ESCRAVO

Você está inventando histórias.

EUELPIDES

Olhe bem para meus pés.

ESCRAVO

Apontando para PISTÊTAIRO.

E este outro, que ave é ele? Você pode dizer?

PISTÊTAIRO

Sou o vira-bosta, uma ave estrangeira[6].

EUELPIDES

Dirigindo-se ao ESCRAVO.

E você aí, diga que ave você é?

ESCRAVO

Sou a ave escrava.

EUELPIDES

Será que você foi vencido numa briga de galos?

ESCRAVO

Não, mas quando meu senhor foi transformado em poupa, ele pediu que eu também fosse transformado em ave, a fim de haver alguém para seguir com ele e servir a ele.

EUELPIDES

Uma ave tem necessidade de escravo?

ESCRAVO

Pelo menos esta, sem dúvida porque já foi homem. Às vezes ele quer comer enchovas de Fáleron[7]; aí eu pego uma peneira e corro para pescar enchovas. Ele quer uma enchova cozida e então eu preciso de uma colher e de uma panela; aí eu corro para procurar a colher.

EUELPIDES

Esta ave é realmente corredora. Você sabe o que tem de fazer, escravo? Chame o seu senhor!

ESCRAVO

Mas ele acaba de adormecer, depois de comer bagas de mirto e formigas.

EUELPIDES

Não importa; acorde o dorminhoco!

ESCRAVO

Tenho certeza de que ele vai se zangar, mas vou atender ao seu pedido para o senhor me achar bonzinho.

O ESCRAVO volta a entrar no mato.

PISTÊTAIRO

Dirigindo-se ao ESCRAVO *que saía.*

Que a peste acabe com você, pois você quase me matou de medo.

EUELPIDES

Ai de mim! Como sou infeliz! Meu gaio levantou vôo de tanto medo.

PISTÊTAIRO

Que bicho covarde! O medo fez você perder o seu gaio.

EUELPIDES

E você não deixou a gralha escapar quando levou um tombo?

PISTÊTAIRO

De jeito nenhum!

EUELPIDES

Então onde está ela?

PISTÊTAIRO

Ela voou.

EUELPIDES

Então você acha que não deixou a gralha escapar? Como você é valente!

Entra a POUPA, *dirigindo-se a* EUELPIDES.

POUPA

Abra a floresta para eu sair!

EUELPIDES

Por Heraclés! Que bicho é este? Que plumagem! E esta crista tripla!

POUPA

Quem está me procurando?

EUELPIDES

Parece que os doze deuses maiores maltrataram muito você.

POUPA

Com certeza vocês estão rindo de minha plumagem. Mas ai de mim, estrangeiros! Fui uma criatura igual a vocês.

EUELPIDES

Não é de você que estamos rindo.

POUPA

De que, então?

EUELPIDES

Seu bico é muito engraçado...

POUPA

Mas vocês podem ver como Sófocles me tratou, a mim, Tereu, em suas tragédias.[8]

EUELPIDES

Então você é Tereu? Você queria ser galo ou pavão?

POUPA

Sou ave.

EUELPIDES

Então onde estão as suas penas?

POUPA

Elas caíram.

EUELPIDES

Por causa de alguma doença?

POUPA

Não, mas durante o inverno todas as aves mudam de penas, para se cobrirem logo depois com uma plumagem nova. Mas me diga: quem são vocês?

EUELPIDES

Nós? Somos simples mortais.

POUPA

De que cidade?

EUELPIDES

Da cidade das belas trirremes.[9]

POUPA

Vocês são juízes?

EUELPIDES

De jeito nenhum! Acontece exatamente o contrário; somos antijuizistas.

POUPA

Semeia-se lá esta espécie de grãos?

EUELPIDES

Procurando bem você encontra alguns...

POUPA

Que motivos trazem vocês até aqui?

EUELPIDES

O desejo de bater um papo com você.

POUPA

Sobre que assunto?

EUELPIDES

Primeiro porque você já foi homem como nós; você tinha dívidas como nós; você não gostava de pagar as dívidas como nós; depois, então, metamorfoseado em ave, você percorreu a terra e os mares; você tem ao mesmo tempo experiência de homem e de ave. É isto que nos traz até aqui, para lhe pedir que nos indique alguma cidade pacata, como um colchão macio onde se possa dormir sossegado.

POUPA

Então você procura uma cidade maior que Atenas[10].

EUELPIDES

Não muito grande, mas de acordo com nosso gosto.

POUPA

Vocês querem evidentemente um governo aristocrático.

EUELPIDES

Eu? De forma nenhuma! Eu até detesto o filho de Squêlio[11].

POUPA

Afinal, em que cidade vocês querem morar?

EUELPIDES

Naquela em que os aborrecimentos mais graves sejam deste tipo: de manhã cedinho se apresenta na porta de minha casa um dos meus amigos e me diz: "Em nome de Zeus Olímpico faça as coisas de maneira a vir até a minha casa com seus filhos depois de banhados, bem cedo, pois quero oferecer um banquete de núpcias. Não deixe de vir, ou nunca mais venha me procurar quando eu estiver infeliz."

POUPA

De fato, você é apaixonado pela infelicidade.

Dirigindo-se a PISTÊTAIRO.

E você?

PISTÊTAIRO

Meus desejos são iguais aos dele.

POUPA

Quais são eles?

PISTÊTAIRO

Eu gostaria de uma cidade onde o pai de um belo rapaz me dissesse pegando no meu saco, num tom de censura: "Sinceramente, Stilbonides, quero imitar você. Você encontra meu filho voltando dos banhos públicos e do ginásio, e você não beija ele nem diz uma palavra; você não toca no saco dele, você, um amigo da família!"

POUPA

Homem desventurado! A que destino infeliz ele se resigna! Pois há uma cidade afortunada, tal como você deseja, na costa do mar Eritreu[12].

EUELPIDES

Por favor! Não me fale em cidade à beira-mar, aonde chegará numa bela manhã a galera Salamínia[13] levando o porteiro da assembléia. Você tem uma cidade grega a nos indicar?

POUPA

Por que vocês não vão morar em Leprêon ou em Élis?

EUELPIDES

Pelos deuses! Sem tê-las visto, tenho horror a elas por causa de Melântio[14].

POUPA

Ainda há na Locris a cidade dos opúntios, onde vocês poderão morar.

EUELPIDES

Eu não gostaria de ser opúntio[15] nem por um talento[16] de ouro. Mas qual é a vida que se leva entre as aves? Você deve saber perfeitamente como ela é.

POUPA

A vida entre elas não é desagradável. Antes de mais nada não há necessidade de bolsas para dinheiro.

EUELPIDES

Vocês tiraram da vida uma grande fonte de fraudes.

POUPA

Nos jardins o alvo gergelim, o mirto, a dormideira e a menta perfumada nos oferecem a alimentação.

EUELPIDES

De fato, é uma vida de lua-de-mel.

PISTÊTAIRO

É isto aí! Imagino um belo destino para a raça das aves, no qual elas se tornariam poderosas se vocês seguissem meus conselhos.

POUPA

Que conselhos?

PISTÊTAIRO

Primeiro, não voar fazendo voltas para lá e para cá com o bico aberto, pois isto é uma coisa pouco decente. Entre nós, se você perguntar, vendo essas cabeças volúveis: "Que ave é esta?", Teleas[17] responderá: "É uma inconstante, uma ave que dá voltas sem parar, incapaz de ficar quieta."

POUPA

Por Diôniso! Suas zombarias fazem sentido! Que temos nós, então, a fazer?

PISTÊTAIRO

Construam uma cidade.

POUPA

Que cidade poderíamos construir, nós, as aves?

PISTÊTAIRO

A pergunta é tola. Olhe para baixo!

POUPA

Estou olhando.

PISTÊTAIRO

Agora olhe para cima.

POUPA

Estou olhando.

PISTÊTAIRO

Vire a cabeça para todos os lados.

POUPA

É mesmo; eu ganharia muito torcendo o pescoço assim.

PISTÊTAIRO

Você não está vendo nada?

POUPA

Nada além das nuvens e do céu.

PISTÊTAIRO

Pois isto tudo não é o pólo das aves?

POUPA

O pólo? Como assim?

PISTÊTAIRO

É o mesmo que dizer "o lugar". Como tudo gira e atravessa tudo, aplica-se a isto o nome de pólo. Se vocês construírem neste espaço e fizerem lá um recinto cercado de muralhas, isto não será mais um pólo, e sim uma cidade; então vocês reinarão sobre os gafanhotos e farão os deuses morrer de fome como os mélios[18].

POUPA

Como?

PISTÊTAIRO

O ar está entre o céu e a terra; da mesma forma que, para ir a Delfos, temos de pedir passagem aos habitantes da Beócia, quando os homens sacrificarem aos deuses vocês poderão, se os deuses não pagarem um tributo a vocês, impedir a fumaça dos sacrifícios de atravessar a cidade de vocês e a imensidade do ar.

POUPA

É mesmo, pela terra e pelas nuvens, pelas redes e pelas malhas delas, nunca vi nada tão bem bolado! Estou pronto para fundar essa cidade com você, se as outras aves aprovarem o projeto.

PISTÊTAIRO

Quem, então, vai explicar o assunto às aves?

POUPA

Você mesmo. Antigamente elas eram bárbaras, mas durante minha longa estada entre elas ensinei todas a falar.

PISTÊTAIRO

E como você vai convocar todos os pássaros?

POUPA

Vai ser fácil. Vou entrar no bosque; depois desperto o rouxinol, meu companheiro, e chamamos todos os pássaros para se reunirem; e quando eles ouvirem nossa voz, virão o mais depressa possível.

PISTÊTAIRO

Não demore, mais querida de todas as aves! Eu lhe suplico: entre depressa no bosque e desperte o rouxinol.

POUPA

Dirigindo-se ao ROUXINOL.

Ah! Meu fiel companheiro! Pare de cochilar! Cante os hinos sacros que saem de seu bico divino, lamentando a triste morte de Ítis, nosso filho, com seus gorjeios harmoniosos e variados! Sua voz se eleva pura através das moitas de salsaparrilha até o trono de Zeus, lá onde Febo dos cabelos de ouro responde aos seus cantos lamentosos com os sons de sua lira de marfim, enquanto conduz as danças dos deuses; e os acordes de suas vozes imortais formam um concerto celestial de bem-aventurados.

Ouve-se o som de uma flauta imitando o canto do ROUXINOL.

PISTÊTAIRO

Ah! Zeus soberano! Que canto maravilhoso de um pássaro tão pequeno! Que encanto ele espalha por todo o bosque!

EUELPIDES

Olá!

PISTÊTAIRO

Que é isto?

EUELPIDES

Você vai se calar?

PISTÊTAIRO

Por que você pergunta?

EUELPIDES

A poupa ensaia novos cantos.

POUPA

Epopoi, popoi, popoi, popoi, io, io. Venham, venham, venham, venham, venham, voem para cá, companheiras queridas! Venham todas vocês que se fartam nos campos férteis, tribos incontáveis de vôo veloz e de gargantas melodiosas, que furtam os grãos das terras recém-semeadas! Vocês, que se divertem estridentemente no meio dos sulcos que receberão as sementes: tio, tio, tio, tio! E vocês que saltitam nos jardins sob a folhagem da hera, ou que bicam o fruto da oliveira selvagem e do medronheiro nas montanhas, acorram ao meu chamado: trioto, trioto, trioto, totobrix. Vocês também, que nos vales pantanosos se nutrem de mosquitos de trompa aguçada, vocês que moram nos lugares úmidos de orvalho, e nos prados risonhos de Maratona; perdiz de plumagem pintalgada de mil cores, bando alado que volteia com os alciones sobre as vagas do mar! Venham ouvir uma grande novidade! Reunimos aqui todo o povo das aves de pescoço longo. Chegou um velho imaginoso com idéias novas e novos projetos. Venham todas dar a sua opinião! Depressa! Depressa! Torotorotorotorotorotorotinx[19]!

PISTÊTAIRO

Dirigindo-se a EUELPIDES.

Você está vendo alguma ave?

EUELPIDES

Por Apolo, não vejo nenhuma; estou cansado de olhar para o ar.

PISTÊTAIRO

Então foi inútil a entrada da poupa no bosque para gritar lá como a ave que está na época da postura, e imitando o pio da gaivota.

FLAMINGO

Torotinx, torotinx.

PISTÊTAIRO

Oba! Está chegando aqui uma ave!

EUELPIDES

É verdade. Está aqui a ave. Mas, qual é ela? Não é um pavão?

PISTÊTAIRO

A poupa vai dizer.

Dirigindo-se à POUPA.

Que ave é aquela?

POUPA

Não é uma dessas aves comuns que a gente vê todos os dias; é uma ave de pântano.

PISTÊTAIRO

Deuses! Como ela é linda! É vermelha como uma chama!

POUPA

É isto mesmo; ela se chama flamingo.

EUELPIDES

Vá dizendo os nomes, então.

PISTÊTAIRO

Qual é o caso?

EUELPIDES

Aqui está outra ave!

PISTÊTAIRO

Sim, é outra. Ela deve ser estrangeira. Qual é esta profetisa fanfarrona, esta ave das montanhas?

POUPA

O nome dela é persa.

PISTÊTAIRO

Persa? Por Heraclés! E como, se ela é persa, chegou aqui sem seu camelo?

EUELPIDES

Aqui está outra, usando uma crista.

PISTÊTAIRO

Dirigindo-se à POUPA.

Que prodígio é este? Então você não é a única poupa do mundo?

EUELPIDES

Esta aqui é filha de Filoclés[20] com a Poupa; mas eu sou o avô desta última. É como na genealogia: Calias era pai de Hipônico, e Hipônico era pai de Calias.

PISTÊTAIRO

Então Calias é uma ave? Como caem as penas dele![21]

EUELPIDES

É porque ele é generoso; os sicofantes e as mulheres depenaram ele.

PISTÊTAIRO

Ah! Poseidon! Aqui está outra ave toda suja; como é o nome dela?

POUPA

O nome dela é Gulosa.

PISTÊTAIRO

Então há outro guloso além de Cleônimo? Como Cleônimo perdeu o seu penacho? Céus! Que significam estas aves com suas cristas? Vêm correr o díaulo[22]?

EUELPIDES

Elas fazem como os cários, que vivem nas cristas das montanhas para terem mais segurança.

PISTÊTAIRO

Ah! Poseidon! Você está vendo esta multidão de aves?

EUELPIDES

Por Apolo! Que nuvem! Quando as asas delas se abrem não deixam a gente ver a frente da cena...

PISTÊTAIRO

Olhe! Veja ali uma perdiz!

EUELPIDES

É isso mesmo! Ali está uma perdiz!

PISTÊTAIRO

E esta ave é um adem.

EUELPIDES

Aquela é o alcione. Qual é a que está lá atrás?

POUPA

Aquela ali? É o barbeiro.

EUELPIDES

Então o barbeiro é uma ave?

PISTÊTAIRO

Será que não há por aqui um Spêrgilo[23]? A coruja está ali!

EUELPIDES

Que diz você? Quem traz uma coruja para Atenas?[24]

PISTÊTAIRO

Preste atenção: a pega, a rolinha, a calhandra, o pavão...

EUELPIDES

... o gavião, o pombo bravo, o cuco...

PISTÊTAIRO

... a galinhola, o mergulhador, o rabujento, a águia marinha...

EUELPIDES

Quantas aves!

PISTÊTAIRO

Quantos melros! Como eles gorjeiam! Eles já chegam gritando!

EUELPIDES

Será que eles se sentem ameaçados? Você está vendo? Eles abrem o bico e me olham, e olham para você também.

PISTÊTAIRO

É mesmo; para mim também.

CORO

Popopopopopopo, opoi! Onde está quem nos chama? Onde ele ficou?

POUPA

Estou aqui há muito tempo; não abandono meus amigos.

CORO

Dirigindo-se à POUPA.

Titititititi! Que tem você de bom para nos dizer?

POUPA

Um caso de interesse público, de segurança, justo, agradável e útil. Dois homens conhecedores do assunto vieram me procurar.

CORO

Onde? Como? Que diz você?

POUPA

Digo que eles chegaram do mundo dos homens; são dois coroas, vindos para nos propor um empreendimento da mais alta importância.

CORO

Que eu saiba, você cometeu a maior falta desde que existimos. Que tem você a nos dizer?

POUPA

Ainda não é hora de se assustar.

CORO

Que foi que você fez?

POUPA

Acolhi estes dois homens, que propõem insistentemente uma aliança conosco.

CORO

Você aceitou uma coisa destas?

POUPA

E me alegro por ter concordado com eles.

CORO

Onde estão eles agora?

POUPA

Eles estão entre vocês, como eu mesma estou.

CORO

Ah! Ah! Fomos traídas! Fomos indignamente enganadas! Nossa amiga, aquela que compartilhava conosco o produto de nossos campos, violou nossas leis antiqüíssimas e os juramentos do povo das aves. Ela nos atraiu a uma armadilha e nos entregou como reféns a uma raça ímpia que, desde que existe, nos declara guerra. Mais tarde vamos conversar com ela, mas é preciso começar pelo castigo destes dois coroas e reduzir os dois a picadinho.

PISTÊTAIRO

Estamos... perdidos!

EUELPIDES

Mas você é o causador de tudo que está acontecendo conosco. Por que você me trouxe?

PISTÊTAIRO

Para lhe fazer companhia.

EUELPIDES

Para me fazer lamentar a minha triste sorte?

PISTÊTAIRO

Mas na realidade você está desvairado. De fato, como você vai chorar se vão arrancar os seus olhos?

CORO

Vamos! Vamos! Marchem! Avancem! Lancem-se sobre o inimigo, derramem o sangue dele, abram as asas em todas as direções e envolvam os dois nelas! Eles vão servir de pasto para nós! Nem as montanhas sombrias, nem as nuvens do céu, nem o mar de espuma alva poderão livrá-los de nossa perseguição! Vamos depressa lançar-nos sobre eles e estraçalhá-los! Onde está o comandante? Que ele mande avançar a ala direita!

EUELPIDES

E nós estamos aqui! Para onde vamos fugir, infeliz?

PISTÊTAIRO

Está bem! Você não fica firme no seu posto?

EUELPIDES

Para ser estraçalhado?

PISTÊTAIRO

E como você imagina que podemos escapar delas?

EUELPIDES

Quanto a isto, nada sei.

PISTÊTAIRO

Mas eu digo que temos de combater com os pés firmes e pegar as panelas.

EUELPIDES

Para que vão servir as panelas?

PISTÊTAIRO

A coruja não nos atacará.

EUELPIDES

E estas aves de garras afiadas?

PISTÊTAIRO

Pegue um espeto e agite ele diante delas.

EUELPIDES

E os meus olhos?

PISTÊTAIRO

Cubra os dois com galhos de vinagreira ou com um prato.

EUELPIDES

Que presença de espírito! Você teve uma boa idéia, digna de um general. Suas sugestões derrotariam as máquinas de guerra de Nícias[25].

CORO

Guerra! Guerra! Avante com os bicos em posição de ataque! Nada de demoras! Estiquem os bicos, arranquem, firam! Primeiro quebrem a panela!

POUPA

Me digam, mais cruéis de todas as bestas! Por que vocês querem matar e despedaçar dois homens que não fizeram mal algum a vocês, parentes de minha mulher, e da mesma tribo?

CORO

Devemos poupá-los mais que os lobos? De que inimigo mais odioso poderíamos nos vingar?

POUPA

Mas, se apesar de nascidos de inimigos, eles são amigos sinceros de vocês, e vêm dar um conselho útil a vocês?

CORO

Que conselho útil poderíamos receber daqueles que foram inimigos de nossos antepassados?

POUPA

Vocês ignoram que os sábios aprendem muito até com seus inimigos? A desconfiança é a mãe da segurança. Não é com um amigo que aprendemos a nos servir dela. Um inimigo obriga vocês a isso. Foi com seus inimigos, e não com seus amigos, que as cidades aprenderam a construir altas muralhas, e a construir naus de guerra. Ora, é a experiência que garante nossos filhos, nossas casas e nossos bens.

CORO

Isto é verdade; seria bom ouvir primeiro os coroas. Até do pior inimigo se pode aprender alguma coisa.

PISTÊTAIRO

Parece que a cólera das aves está se acalmando. Recuo de um passo.

POUPA

É uma questão de justiça; vocês me devem reconhecimento por isso.

CORO

Até hoje nunca fomos contrários às suas opiniões.

PISTÊTAIRO

As disposições delas parecem mais pacíficas agora.

Dirigindo-se a EUELPIDES.

Ponha no chão a panela e os pratos. Depois faça o mesmo com a lança, isto é, o espeto que está na sua mão, e vamos andar perto da panela e sem perdê-la de vista, pois não se deve fugir.

EUELPIDES

Está bem! E se nos matarem, onde vão nos enterrar?

PISTÊTAIRO

O Cerâmico[26] nos receberá com as sepulturas abertas. Para sermos enterrados à custa do Tesouro, vamos dizer aos magistrados que fomos mortos combatendo o inimigo em Orneas[27].

CORIFEU

Volta cada um a seu posto! Vamos deixar de lado nossa cólera e nosso ressentimento, como o soldado põe de lado suas armas; e nos informemos para saber que gente é esta, de onde ela vem e com que intenções. Ouça, Poupa!

POUPA

Que quer você de mim?

CORIFEU

Quem são estes homens? De onde eles vêm?

POUPA

São estrangeiros e vêm da Hélade, o país das luzes.

CORIFEU

Que intenção pode trazer estes coroas para nosso meio, para o meio das aves?

POUPA

Eles gostam de nossa maneira de viver, e desejam ficar aqui e morar conosco.

CORIFEU

Que é que você está dizendo? Afinal, qual é a conversa deles?

POUPA

É incrível, nunca, jamais ouvida!

CORIFEU

Eles acham, então, alguma vantagem em ficar aqui conosco — descobrir algum meio de vencer seus inimigos ou de servir a seus amigos?

POUPA

Eles falam de uma felicidade infinda, inexprimível, incrível; acham que tudo pertence a vocês, no universo, aqui, ali, em toda parte.

CORIFEU

Será que eles são malucos?

POUPA

Nada se iguala à sabedoria deles.

CORIFEU

Essa não! Eles estão no pleno gozo de suas faculdades mentais?

POUPA

Eles são raposas espertíssimas; são a própria sutileza, tudo que há de mais astuto, de mais sabido, de mais fino.

CORIFEU

Diga para eles virem falar conosco o mais depressa possível. Tudo que você falou ainda não me fez bater as asas de alegria.

POUPA

Dirigindo-se a dois escravos.

Vamos, vocês dois, tornem a pegar esta armadura e suspendam ela por cima da lareira, perto da grade, com o favor dos deuses.

Dirigindo-se a PISTÊTAIRO.

Você aí, exponha à assembléia das aves o projeto para o qual eu convidei você.

PISTÊTAIRO

Não, por Apolo! Não vou fazer nada disto, a não ser que elas façam um trato comigo, como o macaco fabricante de armaduras fez com a mulher dele, garantindo que não vão me bicar, não vão me estraçalhar, que não vão me enfiar...

CORIFEU

... o peru? Não tenha medo.

PISTÊTAIRO

Não é isto que você está pensando; é nos olhos de cima...

CORIFEU

Pro... meto!

PISTÊTAIRO

Garanta com um juramento.

CORIFEU

Juro, mas com uma condição: a de que conseguirei os votos de todos os juízes e de todos os... espectadores!

PISTÊTAIRO

De acordo.

CORIFEU

E se eu faltar à minha palavra, que consiga somente um voto.

Entra um ARAUTO.

ARAUTO

Ouçam, povos! Que os soldados amontoem suas armas e voltem para suas casas, e que se informem sobre as ordens do dia que serão afixadas nos quadros de avisos!

CORO

O homem é uma criatura enganadora por natureza, mas concordamos em ouvi-lo. Talvez você tenha alguma boa idéia a propor, ou algum meio de aumentar nosso poder, meio que escapa ao nosso juízo mas que você pode ter percebido. Fale para o bem de todos. As vantagens que ficamos devendo a você serão comuns a todos nós. Diga, então, confiantemente: por que motivo você tomou a decisão de vir para cá? Não romperemos a trégua antes de ter ouvido o que você veio dizer.

PISTÊTAIRO

Estou pronto a falar; os ingredientes de meu discurso já estão misturados e agora só falta amassar.

Dirigindo-se a um escravo.

Traga uma coroa e água para lavar as mãos! Depressa!

EUELPIDES

Será que vamos sentar em volta de uma mesa para comer alguma coisa?

PISTÊTAIRO

Não; eu gostaria de falar de uma coisa grande, admirável, que pode comover o coração delas; me interesso tanto por vocês, que tendo sido reis...

CORO

Nós, reis? De quê? De quem?

PISTÊTAIRO

De tudo e de todos que existem; meu, primeiramente;

Apontando para EUELPIDES.

deste aqui, e do próprio Zeus, pois vocês são mais antigas que Cronos, que os Titãs e a Terra.

CORO

Que a Terra?

PISTÊTAIRO

Sim, por Apolo!

CORO

Em verdade, não duvidávamos disto.

PISTÊTAIRO

É porque vocês não estudaram, são ignorantes e não têm curiosidade; vocês não leram nem o próprio Esopo, que disse que a calhandra nasceu antes de todas as outras aves e antes da própria Terra; e que o pai dela morreu de doença quando a Terra ainda não existia; ele ficou cinco dias insepulto, e a calhandra, naquela perplexidade enorme, sepultou enfim o pai em sua própria cabeça.

EUELPIDES

O pai da calhandra jaz então agora em Cefalés[28].

POUPA

Tudo bem; então, se as aves existiam antes da Terra e antes dos deuses, a soberania não pertence a elas por direito de antiguidade?

EUELPIDES

É claro, por Apolo! Você também deve se esforçar para tornar seu bico mais temível; Zeus não se apressará a dar o cetro dele ao pica-pau.

PISTÊTAIRO

Temos muitas provas de que antigamente as aves reinavam sobre os homens. Cito aqui o galo, por exemplo, que reinou sobre os persas e foi comandante deles antes de Dario e de Megabizo; por isto ele é chamado de "ave da Pérsia", para perpetuar a memória dessa antiga soberania.

EUELPIDES

Então é por isto que até hoje somente ele entre todas as aves marcha com o Grande Rei[29], com a cabeça adornada pela tiara empinada.

PISTÊTAIRO

Então ele era tão grande e tão poderoso, tão temível que até hoje, por causa de seu poder antigo, desde que ele faz ouvir seu canto matinal todos correm para trabalhar — ferreiros, oleiros, correieiros, sapateiros, padeiros, armadureiros, fabricantes de instrumentos musicais, e até os que trabalham à noite[30].

EUELPIDES

Posso dizer também umas novidades: o galo foi o causador da perda de um manto de lã da Frígia que eu possuía. Eu tinha sido convidado para ir à cidade, para o banquete do décimo dia depois do nascimento de uma criancinha; aí bebi demais e adormeci. O galo começou a cantar antes dos convidados, e eu pensei que já era dia e saí de volta para Alimus[31]. Mal eu tinha passado pelos muros da cidade, um ladrão me deu uma violenta porrada nas costas; eu caí e gritei por socorro, mas ele já tinha levado meu manto.

PISTÊTAIRO

A ave de arribação também reinava antigamente sobre todos os gregos.

POUPA

Sobre os gregos?

PISTÊTAIRO

Foi ela que, quando era rei, ensinou os gregos a se ajoelharem quando aparecia uma ave de arribação[32].

EUELPIDES

Foi, por Diôniso! Um dia em que eu estava ajoelhado assim ao ver uma ave de arribação, me deitei com a boca aberta e engoli um óbolo[33], e tive de voltar para casa com o saco vazio.

PISTÊTAIRO

O cuco foi rei do Egito e de toda a Fenícia, e quando ele gritava "cuco" todos os fenícios colhiam o trigo e a cevada nos campos.

EUELPIDES

Daí, sem dúvida, o provérbio: "Cuco! Os circuncidados para o campo!"

PISTÊTAIRO

A autoridade deles era tão grande que em todas as cidades da Grécia governadas por um rei, como Agamêmnon e Menelau, um pássaro estava pousado no cetro e recebia parte dos presentes oferecidos ao rei.

EUELPIDES

Confesso que não sabia disto; também me causa admiração ver Príamo aparecer nas tragédias com uma ave que ficava observando Lisicrates[34] e os presentes pelos quais ele se deixava corromper.

PISTÊTAIRO

Mas aqui está o mais importante: Zeus, que reina agora, é representado nas imagens com uma águia na cabeça, caracterizando sua qualidade de rei; a filha dele[35] ostenta uma coruja; e Apolo tem um gavião como seu servidor.

EUELPIDES

Por Deméter, você está falando a verdade! Mas por que eles têm aves?

PISTÊTAIRO

Para que nos sacrifícios, quando, como é usual, se faz a oferenda das entranhas das vítimas dedicadas aos deuses, as aves recebam a sua parte antes do próprio Zeus. Antigamente não se jurava pelos deuses; todos juravam pelas aves. Lâmpon[36] ainda jura somente pelo ganso quando diz alguma mentira; a tal ponto vocês eram sagradas e reverenciadas! Hoje tratam vocês como se fossem bobos ou simples escravos[37], atiram pedras contra vocês como se fossem loucos; e até nos lugares sagrados os caçadores de aves põem seus laços, suas armadilhas, cola, redes, malhas; uma vez presas, eles vendem vocês por atacado, enquanto os compradores apalpam vocês. Além disso eles, quando não agem assim, às vezes se contentam com assar vocês no espeto, mas preparam um molho de queijo ralado, óleo, sílfio e vinagre, e misturam com isso tudo um tempero mais doce e mais gorduroso, e derramam esse molho fervente sobre vocês, como se se tratasse de cadáveres.

CORO

Você nos fez um relato muito triste. Lamentamos muito a covardia de nossos pais, que não souberam nos transmitir as honrarias que seus antepassados tinham legado a vocês. Afinal os deuses e a boa sorte nos enviam em vocês os nossos salvadores. Nós lhes confiamos sem temor nossos filhotes e nós mesmas. Digam agora o que devemos fazer; de hoje em diante a vida não terá valor para nós se não descobrirmos os meios de reconquistar a nossa antiga soberania.

PISTÊTAIRO

Minha opinião é que, antes de mais nada, haja uma cidade para toda a nação das aves, e que todo o espaço imenso seja cercado por uma muralha circular de tijolos cozidos, como na Babilônia.

POUPA

Ah! Cebriones! Ah! Porfírion[38]! Que muralha espantosa!

PISTÊTAIRO

Quando a muralha estiver construída, vocês exigirão de Zeus a soberania. Se ele não concordar, se ele se recusar, se ele não for logo razoável, declarem uma guerra sagrada contra ele e proíbam os deuses de ir e vir como autênticos libertinos através dos domínios de vocês, para macular como até agora com seus amores adúlteros as Alcmenes, as Alopes, as Semeles[39]; se eles não concordarem, tratem esses usurpadores como eles merecem: dêem um jeito para que a "coisa" deles deixe de funcionar na "coisa" das mulheres. É necessário também mandar um pássaro como mensageiro aos homens para que eles de agora em diante tenham de realizar sacrifícios às aves, senhoras do mundo, e só depois disso aos deuses. Eles deverão dedicar a cada divindade a ave conveniente. Fazem-se sacrifícios a

Afrodite? É necessário oferecer grãos de cevada ao peru. Oferece-se uma ovelha a Poseidon? É necessário dar trigo ao pato. Oferece-se um boi a Heraclés? A gaivota terá de receber bolos de mel. Se se sacrifica um carneiro ao rei dos deuses, o pardal, na qualidade de rei, deverá receber, antes do próprio Zeus, o sacrifício de um mosquito.

EUELPIDES

Gostei muito deste sacrifício de um mosquito. Que Zeus lance agora seus raios!

POUPA

E como os homens nos tomarão por deuses, e não por gaios, nós, que temos asas e voamos?

PISTÊTAIRO

Você não entende nada disto. Hermes, embora sendo o deus que é, não é um ladrão? Ele não tem asas como muitos outros deuses? A Vitória abre suas asas de ouro, Eros tem as suas asas, Homero, falando de Íris, faz a comparação dela com uma pomba tímida.

POUPA

Zeus não soltará mais seus trovões, nem lançará sobre nós seus raios alados?

PISTÊTAIRO

Se os homens, por ignorância, acharam que vocês não valem nada e reconhecem como deuses apenas os do Olimpo, então é necessário lançar sobre suas terras nuvens de pardais e de aves devoradoras de grãos, que roubarão todas as sementes recém-lançadas. Depois disto, que Deméter reduza a safra de trigo quando eles estiverem morrendo de fome!

EUELPIDES

Ela não vai fazer nada disto; você vai ver que ela alegará milhões de pretextos.

PISTÊTAIRO

Além disso, desejo que os corvos furem os olhos dos bois que trabalham a terra e seus rebanhos; e que em seguida Apolo, o médico, os cure (ele é pago para isto).

EUELPIDES

Espere ao menos que eu tenha vendido meus dois boizinhos!

PISTÊTAIRO

Mas se, ao contrário do que acontece hoje, os homens olharem uma de vocês como um deus, outra como a própria vida, você como a terra, você como Cronos, você como Poseidon, então todos os bens serão dados a vocês.

POUPA

Me diga um só desses bens.

PISTÊTAIRO

Primeiro, os gafanhotos não devorarão mais suas parreiras em flor; um bando de corujas e de andorinhas bastará para destruir esses insetos. Além disso, os vermes e as lagartas deixarão de roer as figueiras; um único bando de tordos acabará com tudo isso.

POUPA

E como vamos fazer para enriquecer os homens? Entre eles o dinheiro é uma paixão.

PISTÊTAIRO

Quando eles consultarem as aves, estas indicarão a eles as minas mais ricas e revelarão aos adivinhos os tráficos mais lucrativos; não morrerá um único negociante enfrentando os riscos do mar.

POUPA

A ave consultada sobre a navegação sempre responderá: "Não embarque; o tempo está desfavorável"; ou "embarque, pois o lucro é certo!"

EUELPIDES

Eu compro uma nau e passo a ser armador; não quero ficar aqui.

PISTÊTAIRO

Elas mostrarão aos homens os tesouros escondidos por seus pais, pois conhecem o local de todos eles. Também se dirá em toda parte: "Ninguém sabe onde está meu tesouro, a não ser, talvez, uma ave."

EUELPIDES

Eu vendo a minha nau, compro um enxadão e desenterro os potes cheios de ouro.

POUPA

Mas como dar a saúde aos homens? Ela mora entre os deuses.

PISTÊTAIRO

Se eles forem bem-aventurados, como é que não vão ter saúde? Creia em mim; um homem infeliz nunca passa bem.

POUPA

Como chegarão eles à velhice? Ela também mora no Olimpo. Eles terão de morrer no berço?

PISTÊTAIRO

Não; as aves prolongarão a vida deles até trezentos anos.

POUPA

Graças a quem?

PISTÊTAIRO

A quem? A elas mesmas! Você não sabe que as gralhas vivem cinco idades humanas?

EUELPIDES

É! Elas merecem muito mais que Zeus reinar sobre nós.

PISTÊTAIRO

Quem duvida disto? Primeiro, não será necessário construir para elas templos de mármore com portas de ouro; elas morarão nos bosques e sob a folhagem dos carvalhos; as aves mais veneráveis terão como templo uma oliveira. Não se terá de ir a Delfos, ou ao templo de Amon, para oferecer sacrifícios. De pé, entre os medronheiros e as oliveiras selvagens, ofereceremos a elas um punhado de cevada e trigo, e lá, com as mãos estendidas, suplicaremos que espalhem sobre nós seus benefícios; e isso nos terá custado apenas um pouco de trigo.

CORO

Ah! Coroa que se tornou querido por nós depois de nos ter sido tão odioso! Nada poderia de hoje em diante nos levar a discordar de suas opiniões. Cheios de confiança em suas falas, proclamamos e juramos que se, fiel às suas santas promessas, você se comprometer sem rodeios a se unir a nós contra os deuses, eles não deterão por muito tempo o cetro que nos pertence. Cuidaremos de tudo que depender da força; tudo que depender das reuniões e deliberações será tarefa de vocês.

POUPA

Por Zeus! Este não é o momento de dormir sobre os louros, ou de contemporizar como fazia Nícias[40]; temos de agir o mais depressa possível. Venham, entrem no meu ninho, pousem na minha palha e nas minhas folhas secas e digam os seus nomes.

PISTÊTAIRO

Isto é fácil. Meu nome é Pistêtairo.

EUELPIDES

Sou Euelpides, do povoado de Tria.

POUPA

Sejam felizes um e o outro!

PISTÊTAIRO

Agradecemos os bons votos.

POUPA

Então vamos entrar.

PISTÊTAIRO

Está bem; nos conduza.

POUPA

Venham.

PISTÊTAIRO

Mas volte depressa para cá. Veja e nos diga: ele e eu não temos asas; como vamos poder conviver com essas criaturas aladas?

POUPA

Isto vai ser fácil.

PISTÊTAIRO

Pense nisto: Esopo diz em uma de suas fábulas que a raposa um dia se associou muito imprudentemente com a águia.

POUPA

Não tenha receios. Vocês comerão uma certa raiz que fará nascer asas em vocês.

PISTÊTAIRO

Vamos entrar.

Dirigindo-se a seus escravos.

Xantias e você, Manódoro! Apanhem nossa bagagem!

CORIFEU

Dirigindo-se à POUPA.

Você aí! Estou chamando você.

POUPA

Que quer você de mim?

CORIFEU

Traga seus hóspedes com você para jantar, mas deixe conosco seu companheiro, rival das Musas, o rouxinol melodioso. Mande que ele venha nos encantar.

PISTÊTAIRO

Eu lhe suplico! Ceda aos desejos deles! Mande ele sair! Eu lhe peço, para podermos ver o rouxinol.

POUPA

Vocês querem; tenho de obedecer. Apareça, rouxinol, e se mostre aos nossos hóspedes.

Aparece uma fêmea de rouxinol, como uma moça com asas e tocando flauta.

PISTÊTAIRO

Ah! Zeus! Que passarinha bonita! Como ela é delicada! Como é gentil!

EUELPIDES

Fique sabendo: eu agarraria você com muito prazer.

PISTÊTAIRO

Que roupa linda! Você parece uma virgenzinha.

EUELPIDES

Estou com vontade de dar um beijo nela.

PISTÊTAIRO

Mas meu rapazinho, ela tem um bico comprido como se fosse um espeto cortado ao meio.

EUELPIDES

E daí? Basta tirar a casca que cobre o rosto dela, como se fosse a casca de um ovo, e depois dar um beijo nela.

POUPA

Vamos embora!

PISTÊTAIRO

Então nos guie, e boa sorte!

Saem todos. O CORO *avança dançando para a frente do palco.*

CORO

Mais amável, mais gracioso, mais querido de nossos companheiros alados, rouxinol que preside os nossos cantos! Você está vindo entoar suas árias melodiosas, você, que na primavera solta seus trinados tão suaves, prelúdios de nossas mensagens!

CORIFEU

Frágeis seres humanos, semelhantes às folhas, impotentes criaturas feitas de lodo e privadas de asas, pobres mortais condenados a uma vida efêmera, fugazes como sombras ou como um sonho instantâneo, ouçam os pássaros, seres imortais, aéreos, imunes à velhice, entregues a pensamentos perenes! Vocês conhecerão conosco os fenômenos celestes, a natureza das aves, a origem dos deuses e dos rios, do Érebo e do Caos; a partir de hoje vocês poderão dizer adeus a Pródico[41].

No começo era o Caos, a Noite, o negro Érebo e o imenso Tártaro; a Terra, o Ar e o Céu ainda não existiam; afinal a Noite de asas negras deu à luz, no seio infinito do Érebo, um ovo sem germe, de onde, após uma longa sucessão de anos, nasceu Eros[42], com duas asas de ouro cintilante em suas espáduas, velozes como os ventos. Unindo-se às trevas do Caos alado, ele gerou nossa raça no seio do imenso Tártaro, e a trouxe pela primeira vez à claridade. Antes de Eros haver misturado tudo, a raça dos imortais ainda não existia, mas quando a mistura de todas as coisas se completou, então apareceram o Céu, a Terra, o Oceano e a raça imortal dos deuses bem-aventurados. Assim somos mais antigas que todos os deuses. Inúmeras provas atestam que somos filhas de Eros. Voamos como ele, e nos deliciamos convivendo com os amantes. Belos rapazes sem número que haviam renegado o amor no declínio de sua juventude não puderam resistir à nossa doce influência, e cederam ao dom de uma codorna, de um flamingo, de um ganso ou de um galo.

Os mortais obtêm de nós os maiores serviços. Primeiro, indicamos a eles as estações — a primavera, o inverno, o outono —; eles percebem que é hora de semear quando o grou, atravessando os ares, emigra para a África. Eles advertem o piloto para suspender o leme e se entregar ao sono; eles disseram a Orestes[43] para tecer um manto, a fim de que o frio não o levasse mais a despojar os viajantes. O gavião, com sua vinda, anuncia outra estação e o momento de tosar a lã primaveril das ovelhas. Depois a andorinha diz quando se deve deixar de lado o manto para comprar a roupa leve. Substituímos para vocês Amon, Delfos, Dodona, Apolo[44]. É graças às advertências das aves que vocês regulam todas as coisas — empreendimentos comerciais, subsistência, casamentos —; vocês designam sob o nome de augúrio das aves tudo que serve para adivinhar o futuro. Uma voz, um espirro, um encontro fortuito, um som, um escravo, um asno, são augúrios. Não somos, então, para vocês, um oráculo de Apolo?

Se vocês nos veneram como a deuses, encontrarão em nós Musas proféticas, ventos mais suaves, estações, invernos, verões e calor moderados. Não iremos sentar presunçosamente por cima das nuvens, a exemplo de Zeus; ficaremos no meio de vocês, para lhes dar — a vocês mesmos, a seus filhos, a seus netos — riqueza, saúde, felicidade, boa sorte, paz, mocidade, riso, danças, festas, "leite de aves"[45]; enfim, atônitos nesta superabundância de bens, vocês ficarão saciados dessas coisas boas.

Musa dos bosques, de acordes variados, tio, tio, tiotinx, respousando sob a folhagem de um freixo, tio, tio, tio, tio, tiotinx, tiro de minha garganta flexível cantos sagrados que animam as danças sacrossantas em honra de Pã e da mãe de todos os deuses. To to to to to to tinx! Lá Frínico[46] irá colher, como se fosse uma abelha, os frutos deliciosos a partir dos quais ele compõe suas árias maviosas, tio, tio, tio tiotinx.

Se um de vocês, espectadores, deseja levar de agora em diante uma vida feliz em companhia das aves, venha para nossa morada. Aquilo que na terra é vergonhoso ou proibido pelas leis é exaltado entre as aves. Surrar os pais é um crime odioso entre as criaturas humanas; entre nós é belo lançar-se contra seu pai, surrá-lo e lhe dizer: "Apronte os esporões se você quer combater!" Um escravo fugitivo foi marcado a ferro em brasa? Entre nós ele será uma perdiz de plumagem pintalgada. Se houver entre vocês um bárbaro — um frígio como Spíntaro —, ele será aqui um frigilo, da raça de Filêmon. Se há entre vocês um escravo cário, como Execestides, que ele escolha seu avô entre nós e logo encontrará colegas. O filho de Peisias quer abrir as portas da cidade a gente infame? Ele é digno de seu pai; que se transforme em perdiz; entre nós não é vergonhoso fugir.

Façamos como os cisnes: tio tio tio tiotinx, quando unindo suas vozes e batendo as asas eles cantam Apolo, tio tio tio tiotinx, nos barrancos do Hebro, tio tio tio tiotinx. A voz deles atravessou as nuvens do éter. Os bandos de animais selvagens se detêm espantados; a calma e a paz reinam sobre as ondas: tio tio tio tiotinx; o Olimpo cintila ao longe e o espanto domina os deuses; as garças e as Musas repetem alegremente estes cantos: tio tio tio tiotinx.

Nada é mais útil que as asas, nada é melhor que as ter. Primeiro, um espectador que tivesse asas poderia, quando se sentisse premido pela fome, evitar o tédio de uma tragédia muito longa e voar até a sua casa para comer alguma coisa, e voltar ao teatro para a companhia de vocês com o estômago cheio. Patroclides, surpreendido por uma dor de barriga, não teria de borrar seu manto; ele voaria logo depois de peidar para recuperar o fôlego. Uma mulher, dominada por um amor adúltero, que percebesse o marido nos braços dos senadores, partiria abrindo as asas e voltaria mais tarde para retomar o seu lugar em casa depois de satisfazer sua vontade de fornicar.

Diitrefés só tem asas de vime; foi eleito filarco e depois hiparco.[47] Saído do nada, ele subiu muito; hoje é uma mistura de galo e cavalo amarelo.

Retornam PISTÊTAIRO *e* EUELPIDES *ostentando suas asas.*

PISTÊTAIRO

Pavoneando-se.

Vejam! Que tal?

EUELPIDES

Por Zeus! Quanto a mim, nunca vi coisa tão engraçada.

PISTÊTAIRO

De que você está rindo?

EUELPIDES

De suas asas velozes. Você quer saber com que se parece mais com asas?

PISTÊTAIRO

Com uma gansa-barata pintada.

EUELPIDES

E você com um melro com as asas cortadas em forma de penico.

PISTÊTAIRO

Estamos fazendo comparações, e como diz Ésquilo "Essas penas não são de outros; são muito nossas."[48]

POUPA

Muito bem! Que falta fazer agora?

PISTÊTAIRO

Primeiro, temos de dar à nossa cidade um nome retumbante, pomposo, e depois oferecer um sacrifício aos deuses.

EUELPIDES

Esta é também a minha opinião.

POUPA

Vejamos: que nome vamos dar à nossa cidade?

PISTÊTAIRO

Vocês querem um nome bonito tirado da Lacedemônia — o nome de Esparta, por exemplo?

EUELPIDES

Eu? Dar o nome de Esparta à nossa cidade? Eu não queria ele nem para minha esteira de dormir, feita de junco!

PISTÊTAIRO

Então, que nome vamos dar a ela?

EUELPIDES

Um nome que encha a boca, tirado das nuvens e das regiões etéreas.

PISTÊTAIRO

Que acha você de Nefelococigia[49]?

POUPA

É um bonito nome. Você inventou um grande nome...

EUELPIDES

Não é exatamente em Nefelococigia que estão os bens imensos de Teagenes e de Aisquines[50]?

PISTÊTAIRO

Ou então na planície de Flegra, onde os deuses fulminaram com raios a arrogância dos gigantes.

EUELPIDES

Esta será uma cidade muito bonita, mas qual será sua padroeira? Para que deusa teceremos o véu?

PISTÊTAIRO

Por que não oferecemos esta honraria a Atena Poliás[51]?

EUELPIDES

Seria uma cidade bem organizada aquela em que uma mulher empunhasse a lança e Clistenes[52] a lançadeira...

PISTÊTAIRO

Quem defenderá as muralhas da futura cidade?

POUPA

Um de nós, uma ave originária da Pérsia[53], que em toda parte tem fama de valente; um filho de Ares.

EUELPIDES

Ora! Um pinto!

PISTÊTAIRO

Aí está um deus feito para morar nos rochedos. Agora vá para os ares ajudar os pedreiros que já estão trabalhando lá; leve umas pedras para a muralha, tira esta roupa e prepare a argamassa. Leve também um balde de pedreiro, caia da escada e quebre o pescoço; ponha sentinelas, mantenha o fogo aceso por baixo da cinza, faça a ronda com a sineta na mão e depois deite; mande depois dois arautos, um lá para cima, onde estão os deuses, e outro para baixo, onde estão os homens, e depois volte para perto de mim.

EUELPIDES

Você fica aqui, chorando perto de mim.

PISTÊTAIRO

Vá para onde estou mandando, meu caro amigo, pois nada se pode fazer sem você. Quanto a mim, vou oferecer sacrifícios aos novos deuses e mandar o sacerdote vir para conduzir a procissão. Escravos! Tragam a cesta e a bacia com água lustral.

CORIFEU

Eu me junto a você e a seus votos; aconselho você a fazer preces solenes aos deuses e a imolar uma vítima em sinal de reconhecimento. Cantemos hinos pítios, e Quéris[54] deve acompanhar os hinos.

PISTÊTAIRO

Dirigindo-se a um flautista disfarçado em corvo.

Pare de soprar! Por Heraclés, que é isto? Já vi muitos prodígios, mas ainda não tinha visto um corvo com bocal.

Entra o SACRIFICADOR.

POUPA

Exerça o seu ofício, sacrificador; sacrifique aos novos deuses.

SACRIFICADOR

Vou fazer isto. Onde está o portador da cesta? Invoque a Hestia dos pássaros, o milhafre, deus tutelar, todas as aves, olímpicos e olímpicas, deuses e deusas.

CORO

Salve, gavião de Súnion, rei pelásgico!

SACRIFICADOR

Invoquem os cisnes de Delfos e de Delos, e Leto, deusa das codornas, e Ártemis pintassilga.

PISTÊTAIRO

Não se dirá mais Ártemis das codornas, e sim pintassilga.

SACRIFICADOR

E Sabázio[55] frígio, e a avestruz, augusta mãe dos deuses e dos homens.

CORO

Cibele divina, Avestruz, mãe de Cleócrito, dê saúde e felicidade aos nefelococigianos e aos cidadãos de Quios.

PISTÊTAIRO

Gosto de ver cidadãos de Quios em toda parte.

SACRIFICADOR

E os heróis, as aves, os filhos dos heróis, o flamingo, o pelicano, a galinha-d'angola, o pavão, o adem, a garça-real, o papa-figo, o chapim...

PISTÊTAIRO

Chega, homem maldito! Acabe com suas invocações! Para que sacrifícios, infeliz, você convida as águias marinhas e os abutres? Você não vê que um gavião bastaria para devorar estas carnes? Saia daqui, você com suas fitinhas; eu mesmo sacrificarei direitinho.

SACRIFICADOR

É necessário ainda que para a aspersão eu entoe um hino religioso, e que invoque as divindades (no mínimo uma), se vocês tiverem provisões bastantes, pois suas supostas vítimas se reduzem à barba e aos chifres.

PISTÊTAIRO

Ofereçamos nossos sacrifícios aos deuses alados.

Entra o POETA.

POETA

Celebre em seus cantos, Musa, a felicidade de Nefelococigia!

PISTÊTAIRO

Que significa isto? Quem é você?

POETA

Sou um cantor cujos versos têm a doçura do mel; um zeloso escravo das Musas, como diz Homero.

PISTÊTAIRO

Como é mesmo? Você é escravo mas tem os cabelos longos?

POETA

Não é nada disso; nós, os poetas, somos servidores fiéis das Musas, como diz Homero.

PISTÊTAIRO

Não é de admirar que você vista um manto surrado assim. Mas que azar traz você até aqui, poeta?

POETA

Compus versos em honra de Nefelococigia; muitos e belos ditirambos e partenias[56]; e odes ao gosto de Simonides[57].

PISTÊTAIRO

Desde quando você compõe versos?

POETA

Faz muito tempo, muito mesmo, que canto esta nobre cidade.

PISTÊTAIRO

Mas estou celebrando agora mesmo o sacrifício da consagração dela! Neste instante estou dando um nome a ela, como a uma criança recém-nascida.

POETA

A palavra das Musas é alígera, e voa como os céleres corcéis. Mas ah! Meu pai, fundador da cidade de Etna, você que compartilha as honrarias sagradas, conceda-me benevolentemente os bens que você quereria para si mesmo!

PISTÊTAIRO

Este maldito poeta não nos deixará em paz se não dermos alguma coisa a ele. Você aí, que tem uma capa de pele e uma túnica, dê uma das duas ao poeta.[58]

Recebendo a capa.

Aqui está; segure a capa; ainda assim parece que você está sentindo frio.

POETA

Minha Musa recebe prazerosamente este presente, mas ouça atentamente esta ode de Píndaro.

PISTÊTAIRO

Que sujeito chato! Ele não nos livrará dele mesmo tão cedo!

POETA

Declamando.

"Entre os citas nômades erra o infortunado Stráton, que não possui sequer um manto fino para vestir. Mas ele vai embora sem glória e sem túnica." Você compreendeu o significado destas palavras?

PISTÊTAIRO

Sim, compreendo que você quer a túnica.

Dirigindo-se ao SACRIFICADOR.

Vamos! Tire a sua! Devemos prestar serviços aos poetas.

Dirigindo-se ao POETA.

Tome a túnica e vá embora!

POETA

Já vou, mas num instante comporei estes versos em honra da cidade de vocês: "Canta a cidade aérea e fria, deus do trono de ouro! Já visitei estas férteis planícies cobertas de neve. Trá lá lá!"

Sai o POETA.

PISTÊTAIRO

Sim, mas com esta túnica você está bem agasalhado contra o frio. Por Zeus! Jamais eu teria acreditado que este homem pretendia somente falar de nossa cidade.

Dirigindo-se ao SACRIFICADOR.

Tome o seu vaporizador e faça a volta ao altar. Que todos fiquem em recolhimento!

SACRIFICADOR

Silêncio!

Entra o ADIVINHO.

ADIVINHO

Não toque no bode!

PISTÊTAIRO

Quem é você?

ADIVINHO

Eu? Ora! Sou um adivinho!

PISTÊTAIRO

Vá andar para criar calos!

ADIVINHO

Não despreze as coisas divinas, meu caro amigo. Há um oráculo de Bacis que se refere claramente a Nefelococigia.

PISTÊTAIRO

Então, por que você não falou antes de eu dar a cidade por fundada?

ADIVINHO

O céu não me permitiu.

PISTÊTAIRO

Nada melhor do que ouvir as palavras do próprio oráculo.

ADIVINHO

"Quando os lobos e as gralhas velhas morarem juntos no espaço que separa Corinto de Sicione[59]..."

PISTÊTAIRO

Que é que os coríntios têm em comum conosco?

ADIVINHO

Com estas palavras Bacis quer dizer o ar.

Continuando o oráculo.

"... sacrifique-se primeiro a Pandora um carneiro com o tosão branco; e quem proclamar primeiro as minhas palavras receberá um rico manto e sandálias novas!"

PISTÊTAIRO

As sandálias estão também na fala do oráculo?

ADIVINHO

Elas estão aqui; leia: "Será necessário dar uma taça cheia de vinho ao adivinho, e uma boa porção de entranhas da vítima."

PISTÊTAIRO

É necessário dar uma boa porção das entranhas?

ADIVINHO

Está escrito aqui; ouça: "Divino jovem! Se você obedecer fielmente a estas ordens será uma águia nas nuvens; se você não obedecer, não será nem rolinha, nem águia, nem corvo."

PISTÊTAIRO

Isto também está na fala?

ADIVINHO

Está aqui; leia!

PISTÊTAIRO

O seu oráculo não concorda bem com o que Apolo me ditou: "Quando aparecer um charlatão sem ser convidado para perturbar o sacrifício e reclamar sua parte nas entranhas da vítima, será necessário quebrar as costelas dele"...

ADIVINHO

Você está brincando...

PISTÊTAIRO

Está escrito aqui; ouça: "Não tenha pena dele, ainda que ele seja a águia nas nuvens, ainda que ele seja Lâmpon[60] ou o grande Diopites."

ADIVINHO

Isto tudo está aí também?

PISTÊTAIRO

Está tudo aqui; leia. Vamos! Saia já daqui se quiser sair vivo!

ADIVINHO

Ai de mim! Como sou infeliz!

PISTÊTAIRO

Vá agora mesmo anunciar os seus oráculos em outro lugar!

O ADIVINHO sai correndo. Entra MÊTON, astrônomo e urbanista célebre na época, trazendo instrumentos de medição de terras.

MÊTON

Vim em direção a vocês...

PISTÊTAIRO

Este é outra peste... Que é que você veio fazer aqui? Qual é o seu caso? Que significa este coturno? Por que você veio?

MÊTON

Quero medir o ar e dividi-lo em lotes para vocês.

PISTÊTAIRO

Em nome dos deuses, que espécie de criatura é você?

MÊTON

Quem sou eu? Mêton, famoso em toda a Hélade, até em Colono.[61]

PISTÊTAIRO

Me diga: que badulaques são estes que você está trazendo para cá?

MÊTON

São instrumentos para medir o ar. De saída você vai ficar sabendo que a abóbada celeste é parecida com um forno. Aplicando, então, esta régua curva por cima e ajustando o compasso a ela... você está compreendendo?

PISTÊTAIRO

Não estou entendendo bulhufas.

MÊTON

Então usarei uma régua reta e tomarei minhas medidas de maneira a fazer um triângulo tetrágono; no centro dele ficará a praça pública; para este centro convergirão de todas as partes ruas bem alinhadas, já que partem do sol, que também é redondo, os raios dele.

PISTÊTAIRO

Mêton é um novo Tales[62].

MÊTON

E daí?

PISTÊTAIRO

Você sabe que estou gostando muito de você? Se você quiser acreditar em mim, saia já daqui!

MÊTON

Que tenho a perder se não sair?

PISTÊTAIRO

Aqui, como na Lacedemônia, os estrangeiros são expulsos, e as porradas caem sobre eles como geada no inverno.

MÊTON

Vocês estão tramando uma revolução?

PISTÊTAIRO

De jeito nenhum!

MÊTON

Que é isto, então?

PISTÊTAIRO

Resolvemos por unanimidade expulsar daqui todos os trambiqueiros.

MÊTON

Eu me ponho a salvo num instante.

PISTÊTAIRO

Não sei se você vai ter tempo.

Começando a espancar MÊTON.

Já começaram os estrondos da tempestade.

MÊTON

Socorro! Ninguém me acode?

PISTÊTAIRO

Eu não lhe disse? Por que você não vai tomar as suas medidas em outro lugar?

MÊTON sai correndo; entra um INSPETOR.

INSPETOR

Onde estão os próxenos[63]?

PISTÊTAIRO

Quem é este Sardanapalo[64]?

INSPETOR

Sou um inspetor, sorteado para supervisionar Nefelococigia.

PISTÊTAIRO

Um inspetor? E quem mandou você vir aqui?

INSPETOR

Um decreto mal-feito de Teleas[65].

PISTÊTAIRO

Você quer, mediante um dinheirinho, sair daqui já e sem fazer barulho?

INSPETOR

Com muito prazer; aliás eu gostaria de estar em Atenas para comparecer à Assembléia; estou incumbido de tratar de um assunto de interesse de Farnaces[66].

PISTÊTAIRO

Pondo dinheiro na mão do INSPETOR.

Tome; leve isto. São os seus honorários.

INSPETOR

Que pretende você dizer com isto?

PISTÊTAIRO

Espancando o INSPETOR.

Tome! É o jeton da sessão da Assembléia que interessa a Farnaces.

INSPETOR

Quero testemunhas! Estão me espancando, a mim, um inspetor!

PISTÊTAIRO

Você não prefere sair daqui vivo com as suas urnas? Não é incrível? Eles mandam inspetores a esta cidade antes mesmo de serem oferecidos os sacrifícios consagratórios!

O INSPETOR sai correndo e se esconde nas proximidades. Entra o PREGOEIRO público de decretos.

PREGOEIRO

Lendo em voz alta.

"Se algum habitante de Nefelococigia lesou um cidadão de Atenas..."

PISTÊTAIRO

Quem é este outro pilantra com sua papelada?

PREGOEIRO

Sou um pregoeiro de decretos e venho vender leis novas.

PISTÊTAIRO

Quais são elas?

PREGOEIRO

"Que os habitantes de Nefelococigia adotem os pesos, as medidas e os regulamentos dos olofixianos[67]."

PISTÊTAIRO

Você vai conhecer agora mesmo os pesos e medidas dos olofixianos!

PISTÊTAIRO começa a espancar o PREGOEIRO.

PREGOEIRO

Ei! Você aí! Que é que você está fazendo comigo?

PISTÊTAIRO

Leve de volta imediatamente as suas leis! Vou fazer você sentir hoje outras bem duras!

PREGOEIRO

Intimo Pistêtairo a comparecer à Justiça, para responder por desacato no mês de Muniquíon[68].

PISTÊTAIRO

É mesmo? Ora! Você ainda está aqui?

PREGOEIRO

Lendo.

"E se alguém expulsar magistrados, ou não os receber, de conformidade com os decretos afixados na coluna..."

PISTÊTAIRO

Coitado de mim! Você continua aqui?

PREGOEIRO

Você vai me pagar! Vou conseguir que você seja condenado a uma multa de dez mil dracmas!

PISTÊTAIRO

E eu vou quebrar as suas urnas!

PREGOEIRO

Você se lembra de que, numa certa noite, cagou perto da coluna dos decretos?

PISTÊTAIRO

Estou peidando para tudo isto! Prendam este cara!

O PREGOEIRO sai correndo.

SACRIFICADOR

Dirigindo-se ao PREGOEIRO.

Vamos embora daqui o mais depressa possível, para sacrificar um bode aos deuses lá em casa!

Saem todos.

1º SEMICORO

De agora em diante todos os mortais oferecerão votos e sacrifícios à divindade soberana cujos olhares abraçam o universo. Nada sobre a terra escapa à sua vista; ela preserva os frutos destruindo as pragas incontáveis que devoram com seus ferrões insaciáveis os germes que saem de seus invólucros, e a tenra folhagem das árvores. Ela acaba com aquelas cujo simples contacto arrasa os jardins perfumados; todos os répteis e os animais selvagens perecem sob os golpes de nossas asas!

CORO

Neste dia se proclama o edito seguinte: "Aquele que matar Diágoras de Melos[69] receberá a recompensa de um talento. Aquele que matar um tirano receberá também um talento." Eis o decreto que promulgamos: "Aquele que matar Filocrates[70] das avestruzes receberá um talento, e aquele que o trouxer vivo receberá por isto quatro talentos. É ele que enfia os tentilhões num feixe e vende sete deles por um óbolo; ele sopra os tordos, e os expõe à venda e os martiriza; ele passa plumas nas narinas dos melros, reúne os pombos em grande número e os mantém cativos em uma rede e os obriga a descobrir outros." Vamos publicar outro decreto: "Se alguém mantém ainda aves no cativeiro no pátio de sua casa, trate de pô-las já em liberdade. Quem não obedecer a este decreto será preso pelas aves, carregado de correntes, e servirá por seu turno de isca para prender outros homens."

2º SEMICORO

Como é delicioso o destino das aves! No inverno elas podem viver sem mantos; no verão elas não têm de suportar os raios fogosos do sol; elas repousam nos vales floridos à sombra da folhagem, enquanto as cigarras afogueadas pelos ardores do sol do meio-dia emitem seus gritos estridentes, e passam o inverno nos nichos das cavernas, divertindo-se entre as ninfas das montanhas; na primavera colhem os tenros brotos do mirto amado pelas virgens, e as flores mais frescas nos vergéis das Graças.

CORO

Queremos dizer aos juízes dos concursos de comédias uma palavra sobre a vitória. Se for a nós que eles decidirem concedê-la, receberão de nós bens mais preciosos que aqueles dados a Páris[71]. Em primeiro lugar — recompensa desejada ardentemente por todos os juízes — as corujas do Láurion[72] jamais lhes faltarão; elas morarão no interior das casas de vocês, farão os seus ninhos nas bolsas de vocês, onde se reproduzirão. Além disto vocês morarão em templos, pois elevaremos os frontões de suas casas e lhes daremos a forma de águias. Se vocês exercem um cargo público e quiserem fazer maracutaias, armaremos suas mãos com garras de gaviões. Se vocês forem a uma festa, nós lhes daremos um estômago espaçoso. Mas se vocês não nos concederem o prêmio, tenham cuidado, pois verão aparecerem em vocês cobertas de metal como aquelas que se põem na cabeça das estátuas para protegê-las da chuva; aqueles que não as tiverem devem esperar outra vingança: quando estiverem vestindo uma túnica branca, todos os pássaros cobrirão vocês com sua merda.

Volta à cena PISTÊTAIRO.

PISTÊTAIRO

Nossos sacrifícios foram recebidos favoravelmente, aves, mas me admiro de não ter vindo das muralhas algum mensageiro nos informar do que se passa por lá.

Após alguns segundos de silêncio.

Oba! Aqui vem um, ofegante da corrida!

Entra apressadamente um MENSAGEIRO.

MENSAGEIRO

Onde está ele? Onde está ele? Onde está ele? Onde está Pistêtairo, nosso chefe?

PISTÊTAIRO

Estou aqui.

MENSAGEIRO

A muralha está pronta.

PISTÊTAIRO

Que ótimo!

MENSAGEIRO

Não se pode ver nada mais bonito e mais majestoso; ela é tão larga que Proxenides, o fanfarrão, e Teagenes fariam passar por cima dela dois carros de frente, mesmo que os cavalos fossem tão grandes quanto o cavalo de pau de Tróia.

PISTÊTAIRO

Por Heraclés!

MENSAGEIRO

A largura dela, medida por mim mesmo, é de cem braças.

PISTÊTAIRO

Ah! Poseidon! Que largura! Que operários conseguiram fazer essa muralha gigantesca?

MENSAGEIRO

Foram as aves. Ninguém além delas pôs as mãos nas obras, nem pedreiros do Egito, nem cortadores de pedras, nem arquitetos; elas mesmas fizeram tudo. Estou maravilhado! Trinta mil grous vindos da Líbia puseram lá sua carga de pedras. Essas pedras, destinadas às fundações, foram talhadas pelos bicos dos pica-paus. Dez mil cegonhas trouxeram tijolos, enquanto os maçaricos, as gaivotas e outras aves aquáticas traziam água pelos ares.

PISTÊTAIRO

Quem preparou a argamassa?

MENSAGEIRO

As cegonhas reais em baldes.

PISTÊTAIRO

E como elas aplicavam a argamassa?

MENSAGEIRO

O espírito inventivo das aves é extraordinário. Os gansos usavam as patas como pás para bater a argamassa e passá-la para os baldes.

PISTÊTAIRO

Que não fariam eles com as "patas"?...

MENSAGEIRO

Os patos levavam tijolos em tabuleiros que sustentavam com os bicos; as andorinhas levavam a argamassa na cauda e a colher de pedreiro nas costas, como as mães carregam suas criancinhas.

PISTÊTAIRO

Diante disso não há necessidade de gastar dinheiro com operários. Mas me diga: quem fez o madeiramento das muralhas?

MENSAGEIRO

Os pelicanos, carpinteiros muito habilidosos. Eles alinharam as esquadrias de madeira das portas com seus bicos; com o barulho dos golpes de bico, parecia um arsenal de marinha. Agora tudo está provido de portas, tudo está fechado com ferrolhos e protegido cuidadosamente; faz-se a ronda, faz-se circular a sineta, há sentinelas em toda parte e fogos acesos no alto das torres. Mas vou correr para tomar um banho; o resto é com você.

Sai o MENSAGEIRO. PISTÊTAIRO fica boquiaberto.

CORIFEU

Dirigindo-se a PISTÊTAIRO.

Você aí, que é isso? Você se admira da rapidez com que foram levantadas as muralhas?

PISTÊTAIRO

Me admiro, sim, pelos deuses! E não é sem razão; tudo isto parece um sonho. Mas está vindo para cá um dos guardas da cidade; ele está com os olhos esbugalhados.

Entra o 2º MENSAGEIRO.

2º MENSAGEIRO

Oh! Oh! Oh! Oh!

PISTÊTAIRO

Qual é o caso?

2º MENSAGEIRO

Uma coisa indecorosa! Um dos deuses da corte de Zeus levantou vôo pelos ares e entrou através das portas, escapando à vigilância dos gaios, sentinelas do dia.

PISTÊTAIRO

É um caso muito sério! Um atentado indigno! Que deus é esse?

2º MENSAGEIRO

Ignoramos; só sabemos que ele tinha asas.

PISTÊTAIRO

Temos de mandar imediatamente guardas para perseguir o tal deus.

2º MENSAGEIRO

Mandamos trinta mil gaviões na qualidade de arqueiros. Todas as aves de garras aduncas — butios, abutres e águias — estão em campanha; o ar está agitado pela impetuosidade das batidas de asas e do vôo delas, tão grande é a gana delas de perseguir o inimigo. Ele não está longe; deve estar por aqui.

PISTÊTAIRO

Temos de nos armar com fundas, arcos e flechas. Venham, amigos! Que cada um dispare suas flechas! Me dêem uma funda!

CORO

Está declarada a guerra, uma guerra terrível entre nós e os deuses. Patrulhem cuidadosamente o ar, filhos do Érebo, e as nuvens presentes nele, para que nenhum deus passe por ele sem sabermos!

CORIFEU

Que cada um olhe em todas as direções com o olhar vigilante! Já se ouve o ruído de asas, como se fosse um deus planando no ar.

Aparece ÍRIS, mensageira de Zeus, sob a forma de uma moça montada numa máquina teatral, com uma auréola de arco-íris na cabeça e planando com as asas. Antes de pousar completamente a máquina pára.

PISTÊTAIRO

Dirigindo-se a ÍRIS.

Ei! Você aí! Para onde você está voando? Pare! Não avance mais! Quem é você? De onde é você? Diga depressa: de que lugar você está vindo?

ÍRIS

Venho do Olimpo, a morada dos deuses.

PISTÊTAIRO

Como se chama você?

ÍRIS

Sou a velocíssima Íris.

PISTÊTAIRO

Salaminiana ou paraliana?[73]

ÍRIS

Que é que você está querendo saber?

PISTÊTAIRO

Será que não vou ver um peru com três bagos avançar impetuosamente contra ela?

ÍRIS

Avançar impetuosamente contra mim? Que significa isto?

PISTÊTAIRO

Você vai derramar muitas lágrimas!

ÍRIS

Isto é realmente um absurdo!

PISTÊTAIRO

Por que porta você entrou na cidade, criatura atrevida?

ÍRIS

Não sei exatamente por qual delas.

PISTÊTAIRO

Vocês estão ouvindo como ela zomba de nós? E você, Íris, se apresentou ao comando dos gaios?... Você não responde?... Você conseguiu um salvo-conduto com as cegonhas?

ÍRIS

Que quer dizer tudo isto?

PISTÊTAIRO

Você não tem mesmo salvo-conduto?

ÍRIS

Você está mesmo bom da cabeça?

PISTÊTAIRO

Nenhum chefe das aves lhe deu um salvo-conduto?

ÍRIS

Nenhum, com certeza.

À parte.

Coitado deste maluco!

PISTÊTAIRO

É assim que você levanta vôo, sem dizer uma palavra, através de uma cidade estrangeira e do ar que a cerca?

ÍRIS

Então, por onde os deuses serão obrigados a voar de agora em diante?

PISTÊTAIRO

Não sei por onde, mas sei que não é por aqui. Agora você está cometendo um crime. Você sabe que, se tratássemos você como você merece, prenderíamos e até mataríamos você?

ÍRIS

Mas eu sou imortal.

PISTÊTAIRO

Você não deixaria de morrer por isso. Seria na verdade uma coisa estranha que, enquanto comandamos todo o universo, vocês, os deuses, se recusassem a se submeter e obedecer aos mais fortes, como é natural. Me diga: para onde você dirige sua viagem aérea?

ÍRIS

Eu? Estou voando em direção aos homens, por ordem de Zeus, meu pai, para convencê-los a sacrificar aos deuses do Olimpo, a imolar bois e carneiros sobre os altares, e a fazer subir até nós a fumaça e o cheirinho bom das vítimas sacrificadas.

PISTÊTAIRO

Que é que você está dizendo? A que deuses?

ÍRIS

A que deuses? Essa é boa. A nós, os deuses do céu.

PISTÊTAIRO

Vocês são deuses?

ÍRIS

E há outros além de nós?

PISTÊTAIRO

Pois fique sabendo que as aves agora são os deuses dos homens! É a elas (por Zeus!) que devemos sacrificar, e não a Zeus!

ÍRIS

Petulante! Petulante! Não excite a ira terrível dos deuses! Você não receia que a justiça divina, armando-se do machado formidável de Zeus, extermine toda a sua raça, e que seus raios vingadores reduzam a cinzas você e seus palácios?

PISTÊTAIRO

Ouça, moça: acabe com esta gritaria e fique quieta. Você pensa que vai me intimidar com esta linguagem, como se eu fosse um pobre escravo da Lídia ou da Frígia? Você sabe que se Zeus continuar enchendo meu saco eu mandarei as águias, ministras dos raios, incendiar a morada dele e o palácio de Anfíon? Mandarei contra ele mais de seiscentas galinholas cobertas com peles de leopardos. Uma galinhola sozinha lhe fez antigamente muito mal! Se você continuar me aborrecendo, bela Íris, mensageira de Zeus, afastarei as pernas e lhe mostrarei que o coroa que sou ainda tem muito tesão!

Íris

Tomara que você arrebente, jumento velho, com todo o seu palavrório indecoroso!

Pistêtairo

Trate de escapar bem depressa! Vá embora! Cuidado com as porradas!

Íris

Se meu pai não castigar sua violência...

Pistêtairo

Que saco! Vá para outro lugar fazer medo às crianças com os raios de seu pai!

Coro

É proibido aos deuses da raça de Zeus atravessar de hoje em diante nossa cidade, e aos mortais que ofereçam sacrifícios deixar passar por aqui a fumaça das vítimas sacrificadas.

Sai Íris.

Pistêtairo

É muito estranho que o arauto enviado aos homens ainda não tenha voltado!

Entra o Arauto com uma coroa de ouro nas mãos.

Arauto

Pistêtairo feliz! Sábio Pistêtairo! Você aí, o mais ilustre, o mais hábil, o mais maravilhoso, o mais afortunado, o mais... (me ajude!).

Pistêtairo

Que tem você a nos dizer?

Arauto

Todos os povos, em consideração à sua sabedoria, lhe oferecem esta coroa de ouro e lhe prestam homenagens.

PISTÊTAIRO

Aceito. E por que os povos me prestam tantas homenagens?

ARAUTO

Ó glorioso fundador de uma cidade aérea! Você não imagina a veneração que os homens sentem por você, e o amor entusiasmado que esta cidade inspira! Antes de você fundá-la a Lacedemônia estava na moda, era uma mania universal: deixava-se crescer os cabelos, jejuava-se, vivia-se na maior sujeira à maneira de Sócrates, andava-se com bastões. Agora a moda mudou; usa-se o manto das aves; gosta-se de imitar o canto delas e de fazer tudo como elas fazem. Primeiro, desde o começo do dia todos saem do ninho para ir bicar grãos; depois vão ler os editais e avisos e devorar os decretos. Esta mania é tão forte que um grande número de cidadãos têm nomes de aves. Um manco, dono de cabaré, se chama Perdiz; Mênipo agora se chama Andorinha; Opúntio se chama Corvo Vesgo; Filoclés agora se chama Calhandra, Teagenes é Ganso-Raposa; Licurgo é Íbis; Cairefon é Morcego; Siracôsio é Pega; Meidias se chama Codorna (ele tem o jeito de uma codorna que levou uma porrada na cabeça). Enfim, esta mania pelas aves entrou até nas canções; fazem entrar nelas a andorinha, o ganso, a pomba (pelo menos as asas e a plumagem...); é isto que está acontecendo lá em baixo. Só tenho uma coisa a dizer: é que muitos milhões de homens virão para cá, pedir a você garras recurvadas e asas; então você tem de fornecer estas coisas para os novos habitantes.

PISTÊTAIRO

Se as coisas estão acontecendo assim, não temos tempo a perder. Você aí, vá o mais depressa possível encher de asas todas as cestas e todas as sacolas. Diga a Manes[74] que me traga aqui as asas; receberei todas as criaturas que se apresentarem aqui.

CORO

Esta cidade não vai tardar a ficar cheia de gente vinda de todos os lugares.

PISTÊTAIRO

Desde que a sorte nos favoreça.

CORO

Todos os corações estão cheios de amor por nossa cidade.

PISTÊTAIRO

Dirigindo-se ao escravo.

Então traga imediatamente as asas.

CORO

Que falta à nossa cidade para torná-la um lugar agradável às pessoas? A Sabedoria, o Amor, as Graças imortais, a Paz com sua fisionomia serena, escolheram Nefelococigia para sua morada.

PISTÊTAIRO

Ainda dirigindo-se ao escravo.

Como você é lerdo! Será que você não pode andar mais depressa?

CORIFEU

Espancando o escravo.

Traga imediatamente um saco cheio de asas!

Dirigindo-se a PISTÊTAIRO.

Dê umas porradas nele para animá-lo, como estou fazendo. Ele é emperrado como um jumento.

PISTÊTAIRO

É isto mesmo; Manes é um grande preguiçoso.

CORO

Dirigindo-se ao escravo.

Você aí! Ponha as asas em ordem — as musicais, as proféticas, as agressivas, as agourentas[75]. Você deve dar a cada candidato a plumagem conveniente a seu caráter.

PISTÊTAIRO

Dirigindo-se ao escravo.

Pelos falcões! Não vou suportar por muito tempo a sua preguiça e lentidão!

PISTÊTAIRO espanca o escravo; entra o ADOLESCENTE.

ADOLESCENTE

Por que não sou a águia que plana lá no alto dos ares, para voar por cima das ondas azuis da imensa planície estéril?

PISTÊTAIRO

O mensageiro nos disse a verdade; aqui está alguém cantando louvores às águias.

ADOLESCENTE

Ah! Nada há de mais agradável que pairar nos ares! Amo as leis das aves, sou tarado por aves, quero morar com vocês. Estou apaixonado pelas leis de vocês!

PISTÊTAIRO

Que leis? São muitas as leis das aves.

ADOLESCENTE

Estou tarado por todas, mas principalmente pela que diz que é bacana entre as aves bicar e estrangular o próprio pai.

PISTÊTAIRO

De fato, consideramos valente aquele que, ainda jovem, espanca seu pai.

ADOLESCENTE

É isto que me traz para junto de vocês; quero estrangular meu pai para ficar com tudo que ele possui.

PISTÊTAIRO

Mas há entre nós uma lei antiga, inscrita nos registros públicos das cegonhas, que diz: "Quando a cegonha cria seus filhos e os põe em condições de voar, estes devem por seu turno alimentar os pais".

ADOLESCENTE

Por Zeus! Ganhei muito em vir para cá se ainda for obrigado a alimentar meu pai...

PISTÊTAIRO

Isto não é necessário; já que você veio para cá com bons sentimentos em relação a nós, meu pobre amiguinho, vou emplumá-lo como ave órfã. Quanto ao resto, rapaz, vou lhe dizer uma coisa que não é ruim, e que aprendi comigo mesmo quando ainda era criança. Não espanque seu pai. Pegue com uma das mãos esta asa e com a outra este esporão de galo; imagine que você tem uma crista de galo[76], fique de guarda, vá à luta, viva de sua mesada e deixe seu pai viver. Já que você tem o instinto belicoso, levante vôo para a Trácia e vá combater lá.[77]

ADOLESCENTE

Por Dîoniso! Você me deu um bom conselho; vou segui-lo.

PISTÊTAIRO

Você estará agindo sabiamente.

Sai o ADOLESCENTE. Entra CINÉSIAS, poeta ditirâmbico aleijado de uma das pernas.

CINÉSIAS

Cantando.

"Estou voando para o Olimpo com minhas asas velozes; em meu vôo percorro sucessivamente os sendeiros variegados da poesia..."

PISTÊTAIRO

À parte.

Aqui está um capenga que vai necessitar de uma carga inteira de asas.

CINÉSIAS

"Com o espírito e o corpo intrépidos, procuro novidades."

PISTÊTAIRO

Salve, Cinésias, amigo das tílias[78]! Que vem você fazer aqui com seu pé estropiado?

CINÉSIAS

"Quero ser transformado em pássaro, num rouxinol de voz melodiosa."

PISTÊTAIRO

Pare de cantar e me diga o que tem a dizer.

CINÉSIAS

Ponha asas em mim; quero cruzar os ares e pedir emprestado às nuvens novos prelúdios aéreos e vaporosos.

PISTÊTAIRO

Você quer ir buscar prelúdios nas nuvens?

CINÉSIAS

Quero; elas são a fonte onde nossa genialidade se inspira. Os ditirambos mais pomposos são aéreos, nebulosos e voláteis. Basta você ouvi-los.

PISTÊTAIRO

Eu? Não!

CINÉSIAS

Sim, por Heraclés! "Descreverei o império aéreo, as formas das aves aladas de pescoços longos, que pairam nas regiões etéreas."

PISTÊTAIRO

Pare!

CINÉSIAS

"Ah! Se eu pudesse, durante o meu delírio, correr sobre as ondas espumantes, impelido pelo sopro dos ventos!..."

PISTÊTAIRO

Por Zeus! Vou acabar com o seu delírio!

PISTÊTAIRO espanca CINÉSIAS.

CINÉSIAS

Pulando para evitar as pancadas de PISTÊTAIRO.

"E ora para calores meridionais, ora em direção ao frio boreal, sulcar as ondas aéreas sem praias."

Observando seus pulos.

Você imaginou um processo habilidoso de me ensinar a voar, coroa!

PISTÊTAIRO

Então? Você gosta de se lançar pelos ares?

CINÉSIAS

É assim que você trata um poeta cíclico disputado por todas as tribos?

PISTÊTAIRO

Você quer ficar conosco e ensinar à tribo Cecrópida um coro de aves voláteis?

CINÉSIAS

Percebo que você está rindo de mim, mas não me abespinho; não vou ficar quieto enquanto não tiver asas para percorrer as planuras aéreas.

Sai CINÉSIAS; entra um SICOFANTE[79].

SICOFANTE

Dirigindo-se a PISTÊTAIRO, que está com asas de andorinha.

Que aves indigentes são estas com sua plumagem de cores variadas? Me diga, andorinha de asas estendidas e malhadas.

PISTÊTAIRO

Nossos problemas não são pequenos. Aqui está outra "ave" que chega cantarolando.

SICOFANTE

Repito o que acabei de dizer: andorinha de asas estendidas e malhadas.

PISTÊTAIRO

Sem dúvida é a seu manto que se aplica a frase: "ele parece esperar impacientemente a volta das andorinhas[80]."

SICOFANTE

Quem está distribuindo as asas às pessoas que chegam?

PISTÊTAIRO

Sou eu, mas é necessário dizer qual é a finalidade das asas.

SICOFANTE

Asas! Quero asas! Não me faça mais perguntas.

PISTÊTAIRO

Será que você quer voar diretamente para Palene[81]?

SICOFANTE

Não é nada disto; sou porteiro da assembléia perto das ilhas...[82]

PISTÊTAIRO

Boa profissão...

SICOFANTE

... e despachante no tribunal. Quero ter asas para fazer minha ronda pelas cidades e citar os acusados para enfrentarem a Justiça.

PISTÊTAIRO

E você fará as citações em melhores condições com asas?

SICOFANTE

Não, mas é para não ter nada a temer dos ladrões. Voltarei com os grous depois de estar carregado de processos.

PISTÊTAIRO

É esta, então, a sua profissão? Essa não! Jovem e robusto como é, você escolheu a profissão de denunciar estrangeiros?

SICOFANTE

Que outra coisa eu poderia fazer? Não sei trabalhar com a enxada.

PISTÊTAIRO

Mas há outras profissões honestas, nas quais um homem de sua idade poderia ganhar a vida de maneira muito mais decente que fazendo trambiques nos processos.

SICOFANTE

Estou lhe pedindo asas, amigo, e não conselhos.

PISTÊTAIRO

Agora que você falou assim, eu lhe dou asas.

SICOFANTE

Como você pode dar asas em troca de palavras?

PISTÊTAIRO

Todos, graças às palavras, elevam-se como se tivessem asas.

SICOFANTE

Todos?

PISTÊTAIRO

Você não ouve no barbeiro os pais dizerem com freqüência aos filhos: "As exortações de Diitrefés[83] deram asas a meu filho para a equitação?" Outros pais dizem que seu filho, levado pelas asas da imaginação, levantou vôo na direção da poesia trágica.

SICOFANTE

Então os discursos dão asas?

PISTÊTAIRO

Dão; eles elevam o espírito e também dão ímpeto. É assim que desejo educar o seu filho e trazê-lo de volta ao bom caminho por meio de conselhos sábios quanto às ocupações honrosas.

SICOFANTE

Mas eu não quero nada disto!

PISTÊTAIRO

Que fará você, então?

SICOFANTE

Não quero que ele degenere; a profissão de delator é hereditária em nossa família. Mê dê, então, asas velozes e leves, de gavião ou falcão, para que depois de ter sido denunciante de estrangeiros eu possa voltar a Atenas a fim de apoiar a acusação, e em seguida voltar às ilhas o mais depressa possível.

PISTÊTAIRO

Estou compreendendo... Para que os estrangeiros sejam condenados aqui antes de terem chegado...

SICOFANTE

É isto mesmo!

PISTÊTAIRO

E que, em seguida, enquanto eles velejam por nossas costas, você retorne ao lugar onde eles estavam a fim de se apoderar de seus bens confiscados.

SICOFANTE

Exatamente! É necessário que eu vá como um pião.

PISTÊTAIRO

Um pião? Estou entendendo. Na verdade, tenho excelentes "aliados" de Côrcira[84].

SICOFANTE

Ai de mim! É um açoite de Côrcira que você tem na mão!

PISTÊTAIRO

Não; são asas para você girar como um pião!

PISTÊTAIRO açoita o SICOFANTE.

SICOFANTE

Ai! Ai! Ai!

PISTÊTAIRO

Vamos! Saia do ninho o mais depressa possível! Levante acampamento daqui, velhaco, miserável! Vou fazer você sentir o que se ganha degradando a Justiça! Quanto a nós, juntemos as asas e vamos embora.

O SICOFANTE sai correndo. Os escravos apanham os sacos de asas e se retiram.

CORO

Em nosso vôo através do ar miríades de novas maravilhas, miríades de objetos incríveis aparecem diante de nossos olhos. Vimos uma árvore de uma espécie singular, chamada Cleônimo (inútil, aliás), que tremia. Na primavera ela floresce e produz calúnias; no outono, em vez de folhas ela deixa cair escudos que cobrem a terra.

Muito longe daqui, na região das trevas, em desertos tenebrosos, há um país onde os homens banqueteiam-se e convivem com os heróis enquanto não anoitece (depois não se teria certeza de encontrá-los). Se algum mortal defrontasse à noite o "herói"chamado Orestes[85], era roubado e desancado a pancadas.

Entra PROMETEU com um capuz e um guarda-sol.

PROMETEU

Como sou infeliz! Tenhamos cuidado para que Zeus não nos veja! Onde está Pistêtairo?

PISTÊTAIRO

Uai! Que será isto? De quem é esta figura de rosto coberto por um capuz?

PROMETEU

Você está vendo algum deus atrás de mim?

PISTÊTAIRO

Não. Mas, quem é você?

PROMETEU

Que horas são do dia?

PISTÊTAIRO

Que horas? Pouco mais de meio-dia. Mas repito: quem é você?

PROMETEU

Na hora de desatrelar os bois, ou já é mais tarde?

PISTÊTAIRO

Você me deixa desconcertado!

PROMETEU

Que faz Zeus agora? Ele está espalhando ou reunindo as nuvens?

PISTÊTAIRO

Tomara que você se dane mil vezes!

PROMETEU

Neste caso eu descubro meu rosto.

PISTÊTAIRO

Ah! Meu caro Prometeu!

PROMETEU

Cuidado! Não grite o meu nome!

PISTÊTAIRO

Mas, qual é o caso?

PROMETEU

Silêncio! Não pronuncie meu nome; estarei perdido se Zeus me vir aqui. Mas se você quiser que eu lhe diga tudo que está acontecendo lá em cima, tome este guarda-sol e ponha ele por cima de minha cabeça, para que os outros deuses não me vejam.

PISTÊTAIRO

Grande idéia, e bem digna de Prometeu! Fique logo debaixo do guarda-sol e fale francamente.

PROMETEU

Então ouça.

PISTÊTAIRO

Estou ouvindo.

PROMETEU

Zeus já era.

PISTÊTAIRO

Desde quando?

PROMETEU

Desde que você construiu a cidade aérea. Ninguém mais oferece sacrifícios aos deuses; a partir de agora o odor das vítimas dos sacrifícios não sobe mais ao céu. Nós todos jejuamos como nas festas de Deméter[86], privados dos sacrifícios. Os deuses bárbaros, famintos e ululando como os ilírios[87], ameaçam Zeus de organizar um ataque contra ele se não mandar reabrir o mercado para que seja possível importar as vítimas dos sacrifícios.

PISTÊTAIRO

Então ainda há deuses bárbaros acima de nós?

PROMETEU

Não foi entre os bárbaros que Execestides[88] encontrou um patrono?

PISTÊTAIRO

E quais são os nomes desses deuses bárbaros?

PROMETEU

Eles se chamam Tríbalos.

PISTÊTAIRO

Estou ouvindo. Daí, sem dúvida, a expressão: "Tomara que eu possa ver as suas tripas em pleno ar!"

PROMETEU

Exatamente. Mas eis aqui uma coisa certa: os enviados de Zeus e dos Tríbalos virão até aqui tratar da paz; não concorde com coisa alguma até que Zeus tenha restituído o cetro às aves e dê a Soberania em casamento a você.

PISTÊTAIRO

Quem é a Soberania?

PROMETEU

É uma moça encantadora; ela administra os raios e tudo mais de Zeus: a sapiência no conselho dos deuses, as boas leis, a moderação, os arsenais, os xingamentos, a tesouraria, o dinheiro.

PISTÊTAIRO

Então ela é uma espécie de superintendente geral?

PROMETEU

Exatamente; se você conseguir tirar a Soberania de Zeus, será o senhor de tudo. Vim até aqui para lhe dar esta opinião, pois sempre tive uma grande afeição pelos homens.

PISTÊTAIRO

Realmente, é apenas a você que devemos os grelhados.[89]

PROMETEU

Você sabe que eu também odeio os deuses.

PISTÊTAIRO

Você foi sempre inimigo deles.

PROMETEU

Um autêntico Tímon[90] para eles. Mas tenho de voltar depressa para o céu; me dê meu guarda-sol; se Zeus me perceber lá do alto, vai pensar que estou marchando atrás de você com um buquê de flores.

PISTÊTAIRO

Segure também esta banqueta.

Saem todos.

CORO

No país das sombras há um pântano onde Sócrates, que nunca tomou banho, evoca as almas dos mortos. Lá está também Písandro[91] para reencontrar a sua alma, que o tinha deixado desde o tempo em que ele ainda estava vivo. Písandro levava para ser vítima de um sacrifício um camelo em vez de um cordeiro. Ele degolou o camelo e, como Odisseu, retirou-se para um lugar ermo. Aí Cairefon[92] saiu do inferno para sugar o sangue do camelo — sim, senhores! Cairefon, o morcego!

Entram POSEIDON, HERACLÉS e o deus dos Tríbalos.

POSEIDON

Eis a cidade de Nefelococigia, para onde fomos enviados como embaixadores.

Dirigindo-se ao TRÍBALO.

Ei! Você aí! Que é que você está fazendo aqui? Você põe o manto no ombro esquerdo? Por que você não põe ele à direita? Ah! Infeliz! Você sofre do mesmo mal de Lespodias[93]? Ah! Democracia! A que você nos reduz, já que os deuses elegeram tal representante?

TRÍBALO

Você não calar?[94]

POSEIDON

Você é uma peste! Nunca vi deus tão bárbaro! Você aí, Heraclés: que vamos fazer?

HERACLÉS

Eu já lhe disse. Tomei a decisão de estrangular o homem que não respeita a nossa condição divina.

POSEIDON

Mas, meu caro, fomos enviados para tratar da paz.

HERACLÉS

Por isso mesmo estou duas vezes resolvido a estrangular o homem.

PISTÊTAIRO

Saindo de casa acompanhado por escravos portando diversos utensílios de cozinha e uma mesa sobre a qual estão algumas aves penduradas para serem cozidas.

Me dêem o ralador para queijo! Tragam os temperos! Me passem o queijo! Soprem as brasas!

HERACLÉS

Você aí, receba nossos cumprimentos, cumprimentos de três deuses.

PISTÊTAIRO

Vou ralar o tempero.

HERACLÉS

De que bichos são estas carnes?

PISTÊTAIRO

São as aves culpadas de conspiração contra as liberdades populares.

HERACLÉS

E você põe logo um tempero nelas?

PISTÊTAIRO

Meus cumprimentos, Heraclés. Que há de novo?

HERACLÉS

Fomos enviados pelos deuses para falar com vocês a fim de dar um jeitinho na situação...

ESCRAVO

Não tem azeite na garrafa.

PISTÊTAIRO

As carnes têm de ficar nadando em azeite...

HERACLÉS

Escute: nada ganhamos guerreando com vocês. Por outro lado, se vocês se tornarem nossos amigos vão ter água do céu em suas cisternas, e dias sempre serenos. É por isso que mandaram a gente vir até aqui para conversar com vocês com plenos poderes na qualidade de embaixadores.

PISTÊTAIRO

Não fomos nós que começamos a guerra e estamos prontos a fazer a paz, se vocês concordarem no que é justo. Nossa condição é que Zeus restitua o cetro aos pássaros. Se houver acordo quanto aos artigos de um tratado, convido os embaixadores para o jantar.

HERACLÉS

Por mim, isto já me deixa satisfeito; estou de acordo.

POSEIDON

Que é isto, débil mental? Você é tão bobo e guloso a ponto de privar assim seu pai de sua autoridade?

PISTÊTAIRO

É isto mesmo! E vocês já não serão poderosos se as aves reinarem sobre a terra. Hoje os homens cometem perjúrios impunemente valendo-se das nuvens que os escondem; mas se vocês tiverem as aves como aliadas, quando um homem tiver jurado pelo corvo e por Zeus, o corvo se aproximará furtivamente do perjuro e furará os olhos dele a bicadas.

POSEIDON

Por mim mesmo! Estas palavras foram bem ditas!

HERACLÉS

Meu pensamento é igualzinho ao seu.

PISTÊTAIRO

Dirigindo-se ao TRÍBALO.

E você aí, que diz?

TRÍBALO

Nabaisutreu[95].

PISTÊTAIRO

Dirigindo-se a POSEIDON.

Você está ouvindo? Ele é da mesma opinião. Ouça agora outra vantagem de uma aliança entre nós. Se um homem, depois de haver dedicado um sacrifício a alguma divindade, fugindo ao cumprimento de sua promessa disser: "Os deuses podem esperar", e se recusar a honrar a palavra por mesquinharia, puniremos esse ímpio.

POSEIDON

Vejamos de que maneira.

PISTÊTAIRO

Quando esse homem estiver contando seu dinheiro, ou quando estiver tomando banho, um gavião virá sem ser visto, levará o valor de duas ovelhas e entregará todo ele ao deus.

HERACLÉS

Acho que se deve entregar o cetro a ele.

POSEIDON

Pergunte agora ao Tríbalo.

HERACLÉS

Ameaçando o TRÍBALO *com seu porrete.*

Você está com vontade de gritar "ai"?

TRÍBALO

Nãobom surraporrete[96].

HERACLÉS

Ele está dizendo que eu falo muito bem.

POSEIDON

Se esta é a opinião de vocês dois, ela é também a minha.

HERACLÉS

É isso aí, gente boa! Estamos de acordo quanto ao cetro.

PISTÊTAIRO

Ainda há outra condição que eu estava esquecendo: deixo Hera para Zeus, mas vocês têm de me dar a Soberania para ser minha mulher.

POSEIDON

Você não está com vontade de fazer a paz.

Voltando-se para HERACLÉS.

Vamos embora!

PISTÊTAIRO

Pouco me importa. Trate de fazer um bom molho, cozinheiro!

HERACLÉS[97]

Com um jeito conciliatório.

Poseidon, o mais divino dos homens, aonde vai você? Será que vamos guerrear por causa de uma mulher?

POSEIDON

Afinal, o que é que você deseja?

HERACLÉS

O que eu quero? Que a gente faça a paz.

POSEIDON

Essa não, ingênuo! Você não vê que eles estão nos enganando? Você está cavando a sua própria sepultura! Que Zeus morra depois de entregar a Soberania a eles! Você estará reduzido à miséria. É a você que pertencem todos os bens deixados por Zeus em herança quando morrer.

PISTÊTAIRO

Ah! Ingênuo! Ele está enrolando você, Heraclés! Chegue mais perto para eu lhe dizer duas palavras. Seu tio[98] está enganando você, pobre rapaz! De acordo com a lei, não ficará para você coisa nenhuma dos bens paternos, porque você é bastardo e não filho legítimo.

HERACLÉS

Eu, bastardo? Que é que você está querendo dizer com isto?

PISTÊTAIRO

É isto mesmo, pois sua mãe era estrangeira. Aí, de que maneira Atena seria a única herdeira, ela que é filha legítima de Zeus, se tivesse irmãos legítimos?

HERACLÉS

E se meu pai, morrendo, me legar a parte que a lei dá aos bastardos?

PISTÊTAIRO

A lei não permite que ele faça isto; este mesmo Poseidon, que anima você agora, será o primeiro a disputar a herança na qualidade de irmão do falecido. A lei de Sólon é assim: "O bastardo é excluído da sucessão se houver filhos legítimos; faltando os filhos legítimos, a herança passa aos colaterais mais próximos."

HERACLÉS

Então eu não tenho nenhum direito a uma parte dos bens de meu pai?

PISTÊTAIRO

Nenhum. Me diga: seu pai nunca mandou inscrever você no registro da tribo?

HERACLÉS

Não, e na verdade isto me deixava meio cabreiro.

PISTÊTAIRO

Por que este ar de espanto e estes olhares atravessados? Se você se unir a nós eu faço você ser rei, e farei você viver bebendo leite de aves.

HERACLÉS

Há muito tempo me parecem justas as suas razões a respeito da Soberania, e de minha parte entrego a moça a você.

PISTÊTAIRO

Dirigindo-se a POSEIDON.

E você aí, que diz?

POSEIDON

Eu me oponho a isto.

PISTÊTAIRO

Tudo agora depende do Tríbalo.

Dirigindo-se ao TRÍBALO.

Qual é a sua opinião?

TRÍBALO

A linda moça e grande soberana, dou ela a ave.

HERACLÉS

Sua opinião é dar a Soberania?

POSEIDON

Não; ele não disse isto, a não ser que ele diga que ela caminha como as andorinhas.

PISTÊTAIRO

Então ele diz que se deve dar a Soberania às andorinhas?

POSEIDON

Tratem vocês dois deste assunto e se entendam. Quanto a mim, já que vocês querem assim eu me calo.

HERACLÉS

Dirigindo-se a PISTÊTAIRO.

Concordo com tudo que você pede. Venha para o céu com a gente para receber a Soberania e tudo mais que ela tem.

PISTÊTAIRO

Apontando para as aves que estavam preparadas para ser cozidas.

Aquelas aves foram preparadas especialmente para as núpcias.

HERACLÉS

Vocês querem que, enquanto falam, eu fique aqui tratando de cozinhar as carnes? Podem ir embora.

POSEIDON

Cozinhar as carnes? Você só pensa mesmo em comer! Venha conosco!

HERACLÉS

Vão me tratar bem aqui...

PISTÊTAIRO

Me tragam aqui um traje nupcial!

Os escravos trazem o traje. Todos saem.

CORO

Em Fanes[99], perto do relógio, está a raça malfazeja dos línguas-e-estômagos[100], cuja língua semeia, faz a colheita, faz a vindima, colhe os figos. Lá também há bárbaros, Górgias e Filipes[101]. É por causa desses Filipes línguas-e-estômagos que em toda a Ática se deixa de lado a língua das vítimas nos sacrifícios.

Entra um MENSAGEIRO.

MENSAGEIRO

Feliz nação das aves, mais feliz do que se poderia dizer com simples palavras! Recebam seu rei em suas moradas afortunadas! Ele avança para seu palácio cintilante de ouro, envolto num fulgor mais ofuscante que o brilho de qualquer astro em qualquer tempo; os próprios raios do sol jamais tiveram tanto esplendor quanto a incomparável beleza da mulher que ele traz consigo; sua mão brande os relâmpagos alados de Zeus; os mais doces perfumes embalsamam a abóbada celeste. Encantador espetáculo! Uma nuvem de incenso se eleva num turbilhão. Mas ei-lo aqui, o próprio! Que a Musa divina abra seus lábios sagrados para cantos propícios!

PISTÊTAIRO, *com uma coroa na cabeça, avança com a* SOBERANIA.

CORO

Recuem, afastem-se dos lados e da frente! Façam roda em volta deste homem afortunado! Que a felicidade o acompanhe! Ah! Quanto encanto! Quanta beleza! Ah! Núpcias felizes para nossa cidade! Quanta prosperidade a raça das aves deve a este homem generoso! Acolham todos com um canto nupcial sua chegada e a da bela Soberania! Foi ao som de um concerto semelhante que o Destino uniu outrora o senhor dos deuses à celeste Hera! Himeneu! Himeneu! O Amor, adornado com suas asas de ouro, segurava as rédeas e presidia aquelas núpcias sagradas! Himeneu! Himeneu!

PISTÊTAIRO

Estou encantado com o hino de vocês; estou maravilhado com os cantos de vocês; estou contente com as palavras de vocês. Agora cantem os mugidos celestes dos trovões, os raios brilhantes do novo Zeus, seus relâmpagos cintilantes e terríveis!

CORO

Ah! Raios brilhantes, dardos inflamados de Zeus, trovões estrondosos, mensageiros de tormentas que abalam a Terra! É a vocês que ele deve o império do universo e a posse da Soberania! Himeneu! Himeneu!

PISTÊTAIRO

Venham, tribos aladas de todas as espécies! Sigam os esposos até as alturas de Zeus e até o leito nupcial. Apresente a sua mão, esposa querida, segure as minhas asas e dance comigo! Vou levá-la pelos ares!

CORO

Ió, Ió, Peã! Triunfo! Vitória! Ah! Maior dos deuses!

FIM

Notas

1. O estádio correspondia a 85 metros.
2. Um estrangeiro que se fazia passar por ateniense.
3. Vendedor de pássaros famoso na época em Atenas por sua tagarelice.
4. Provavelmente Sacas é o apelido de um poeta trágico medíocre, originário da Cítia (denominação antiga de parte da atual Rússia), que não conseguia terminar suas peças.
5. Para fundar uma cidade punha-se no chão ramos de mirto.
6. Literalmente: "Do Faso", região originária dos faisões.
7. Fáleron era um dos três portos que serviam a Atenas.
8. Em sua tragédia perdida *Tereu*, Sófocles mostrava a metamorfose do rei Tereu em ave.
9. Atenas. Na fala seguinte da poupa há uma alusão à proliferação de juízes em Atenas. Cf. *As vespas* para essa proliferação.
10. Literalmente "... maior que a de Cranaôs", rei antiqüíssimo de Atenas.
11. O filho de Squêlio chamava-se Aristocrates.
12. O atual mar Vermelho.
13. Galera sagrada usada somente quando Atenas necessitava urgentemente de socorro.
14. Poeta trágico contemporâneo de Aristófanes.
15. Personagem popular em Atenas na época.
16. A moeda ateniense mais valiosa na época.
17. Teleas era um ateniense na época de Aristófanes, famoso por sua inconstância.
18. Os habitantes da ilha de Melos, cercados pelas forças comandadas por Nícias, enfrentaram uma escassez terrível de víveres no sexto ano da guerra do Peloponeso. Para este episódio dramático, veja-se o livro V, capítulos 84 e seguintes da *História*, de Tucídides, em nossa tradução.
19. Aqui, como no início do trecho, é imitado o canto de vários pássaros.
20. Alusão ao plagiato cometido por Filoclés, poeta trágico contemporâneo de Aristófanes; em sua tragédia *Tereu* Filoclés simplesmente plagiou a tragédia do mesmo nome escrita por Sófocles.
21. Calias havia dilapidado a fortuna paterna.
22. Díaulo, ou duplo estádio, era uma corrida em que os atletas davam duas voltas no estádio.
23. Spêrgilo era um barbeiro muito popular na época em Atenas.
24. As corujas eram numerosíssimas em Atenas; elas eram as aves da deusa Atena e o símbolo da cidade.
25. Nícias foi um dos comandantes atenienses na Guerra do Peloponeso.
26. No bairro de Atenas chamado Cerâmico ficava o cemitério onde eram enterrados os soldados mortos em combate. Logo depois, "com as sepulturas abertas" em vez de "com os braços abertos".
27. Pouco tempo antes da estréia de *As aves* os atenienses sofreram uma derrota diante dos peloponésios em Orneas. Esta palavra lembra *Ôrnithes*, aves.
28. *Kephalés* significa "cabeça" e também é o nome de uma localidade na Ática.
29. Título honorífico dos soberanos da Pérsia antiga.
30. Os ladrões.
31. Alimus era um povoado da Ática, perto de Atenas.

32. Essa ave aparecia na Grécia no início da primavera. Os pobres se alegravam à sua chegada, vendo o fim do inverno.

33. Cf. nota 59 às *Vespas*.

34. General ateniense acusado de corrupção por Aristófanes.

35. A "filha dele" é Atena.

36. Um adivinho e sacrificador em Atenas.

37. No original "ou simples Manes", nome próprio muito comum entre os escravos vindos da Ásia Menor.

38. Nomes de gigante e de ave, respectivamente.

39. Heroínas de tragédias.

40. Cf. nota 25.

41. Pródico foi um sofista contemporâneo de Sócrates, famoso por sua imensa erudição.

42. Eros: o Amor.

43. Este Orestes era um bandido famoso na época.

44. Os três primeiros eram lugares onde havia oráculos famosos, e o último era o deus do oráculo de Delfos.

45. Expressão proverbial para exprimir "as coisas mais raras e preciosas", e prosperidade extrema.

46. Poeta trágico e lírico (Cf. a seguir *As rãs*).

47. Fílarcos eram os chefes de cada uma das sete tribos de Atenas; os hiparcos, em número de dois, eram os comandantes de cavalaria.

48. Segundo um comentador antigo dos *Mirmidões* (tragédia de que restam apenas fragmentos), este verso é dito por uma águia ao ver duas penas de águia numa flecha.

49. Nefelococigia quer dizer "Cidade dos cucos nas nuvens".

50. Personagens de Atenas que se vangloriavam de riquezas que não possuíam.

51. Atena protetora das cidades.

52. Um ateniense muito poderoso mas sem caráter.

53. Um galo.

54. Quéris era um músico medíocre na época em Atenas.

55. Um dos epítetos do deus Diôniso.

56. Partenias eram versos cantados por coros de virgens.

57. Famoso poeta lírico, nascido em 556 a.C. na ilha de Céos, do qual restam numerosos fragmentos.

58. Pistêtairo diz estas palavras dirigindo-se a algum espectador.

59. A cidade imaginária ficaria entre as duas cidades mencionadas.

60. Cf. nota 36. Diopites, logo depois, era um ladrão famoso em Atenas.

61. Mêton se admira por não ter sido reconhecido imediatamente. Colono era um lugarejo nas vizinhanças de Atenas, conhecido pela circunstância de Édipo ter morrido lá.

62. Tales era um dos chamados "Sete Sábios da Grécia".

63. Os próxenos eram os cidadãos incumbidos de oferecer hospitalidade aos estrangeiros em Atenas.

64. Sardanapalo foi um riquíssimo e arrogante rei da Assíria. Cf. Heródoto, *História*, livro II, pág. 137 de nossa tradução.

65. Cf. nota 17.

66. Sátrapa de uma província persa; os persas costumavam subornar os atenienses para obterem a neutralidade de Atenas em suas campanhas contra outros povos.

67. Os olofixianos eram habitantes da Trácia (ou talvez da Ática). A nova cidade, fundada por atenienses, é tratada como se fosse uma colônia de Atenas.

68. O mês de Muniquíon correspondia aproximadamente a abril.

69. Diágoras de Melos foi condenado à morte no décimo ano da Guerra do Peloponeso, por ser ateu e por haver ridicularizado os mistérios de Deméter.

70. Vendedor de pássaros em Atenas.

71. No julgamento das três deusas se disputava o prêmio da beleza.

72. Nas moedas de Atenas havia a efígie de uma coruja. Láurion é uma montanha da Ática, onde havia minas de prata.

73. Alusão a dois tipos de naus de guerra usadas pelos atenienses.

74. Cf. nota 37.

75. Ou seja, respectivamente, as asas de rouxinóis, de cisnes, de águias e de corvos.

76. Os galos brigam até com seus pais.

77. Na época em que foi escrita esta comédia os atenienses estavam em guerra contra os trácios.

78. "Amigo das tílias" é uma alusão à palidez de Cinésias, já que as folhas de tília são de um verde pálido.

79. Sicofantes eram delatores profissionais em Atenas.

80. Isto é, pelo verão.

81. Palene era uma cidade da Acaia, na Grécia, onde se fabricavam mantos de lã famosos na época por sua boa qualidade.

82. Atenas impunha sua jurisdição às ilhas adjacentes à Grécia, graças a seu poderio naval.

83. Um novo rico proprietário de muitos cavalos.

84. Em Côrcira fabricavam-se os melhores açoites da Grécia.

85. Cf. nota 43.

86. Para essas festas (Tesmoforias), veja-se a comédia *Só para mulheres* de Aristófanes no volume publicado em 1995, juntamente com *As nuvens* e *Um deus chamado dinheiro*, por Jorge Zahar Editor.

87. Povo bárbaro da costa do mar Adriático.

88. Estrangeiro que se fazia passar por ateniense.

89. Prometeu presenteou os mortais com o fogo.

90. Tímon foi um misantropo e um ateu famoso em sua época.

91. General ateniense contemporâneo de Sócrates.

92. Um dos muitos discípulos de Sócrates, esquálido como um cadáver.

93. General ateniense que sofria de uma doença de pele nas pernas e deixava cair o manto para esconder a doença.

94. A maneira de falar do Tríbalo era a de um bárbaro. Cf. nota 84.

95. Aristófanes cria aqui uma palavra sem sentido em grego, para caracterizar a condição de bárbaros dos tríbalos.

96. Cf. nota anterior; aqui há algo parecido com: "você não deve bater com o porrete."

97. Eram conhecidas e proverbiais a gula e a rudeza de Heraclés.

98. Poseidon, como irmão de Zeus, era tio de Heraclés.

99. Porto da ilha de Quios.

100. No original, "Englotogastros".

101. Górgias e Filipe eram oradores famosos em sua época.

As Rãs

Época da ação: Século V a.C.
Local: caminho para o Inferno e o próprio Inferno.
Primeira representação: 405 a.C.

PERSONAGENS

XANTIAS, criado de Dióniso
DIÔNISO
HERACLÉS
UM DEFUNTO
CÁRON, barqueiro do Inferno
CORO DAS RÃS
CORO DOS INICIADOS
CORIFEU
ÁIACO, um dos juízes do Inferno
CRIADA de Perséfone
1ª TABERNEIRA
2ª TABERNEIRA
DITILA
SQUEBLIA } personagens mudos (guarda-costas)
PARDOCA
EURÍPIDES
ÉSQUILO
HADES (o deus maior do Inferno)
ESCRAVO de Hades

Cenário

A cena inicial é o caminho do Inferno, e em seguida o próprio Inferno. DIÔNISO está vestindo uma pele de leão, e vem armado com um porrete como se fosse HERACLÉS e calçando coturnos. XANTIAS, montado num jumento, carrega nas costas a bagagem de seu senhor.

XANTIAS

Devo dizer alguma coisa divertida aos espectadores, meu senhor?

DIÔNISO

Claro! Diga o que você quiser, menos as palavras "Já não posso mais!". Isto você não pode dizer, porque já estou cheio de ouvir.

XANTIAS

Posso dizer algum gracejo?

DIÔNISO

Desde que não seja: "Estou desancado!"

XANTIAS

Esta não! Não posso dizer as coisas mais engraçadas?

DIÔNISO

É isto aí: tudo que você quiser. Proíbo só uma coisa.

XANTIAS

Qual?

DIÔNISO

Dizer, passando sua trouxa de um ombro para o outro: "estou apertado!"

XANTIAS

E se eu não aliviar meus ombros da trouxa que me esmaga, vou peidar.

DIÔNISO

Nada disso, por favor, a não ser que você queira que eu vomite.

XANTIAS

De que serve, então, estar tão carregado assim se não posso ter licença para os gracejos de Frínico[1], de Lísias e de Ameipsias, que põem em cena carregadores de bagagens?

DIÔNISO

Não faça nada disto. Quando vou ao teatro, invenções como estas me fazem envelhecer mais de um ano.

XANTIAS

Coitados de vocês, meus ombros! Vocês sofrem sem que eu possa fazer rir.

DIÔNISO

Isto não é o cúmulo da insolência e da preguiça? Eu, Diôniso, filho de um jarro de vinho, vou a pé e me canso, enquanto este manhoso quer uma montaria para estar à vontade, sem ter o que carregar!

XANTIAS

Eu não estou carregando nada?

DIÔNISO

Como você carregaria, se está sendo carregado?

XANTIAS

Mas com esta trouxa em cima de mim.

DIÔNISO

Como?

XANTIAS

E ainda por cima ele é surdo...

DIÔNISO

Não é o jumento que carrega a trouxa que você está carregando?

XANTIAS

É claro que não; ele não carrega o que eu mesmo levo.

DIÔNISO

Como é que você leva, você que é levado pelo jumento?

XANTIAS

Não sei bem, mas meus ombros não agüentam mais.

DIÔNISO

Se você acha que o jumento não serve para nada, o que você tem a fazer é pegar o jumento e carregar ele também nas suas costas.

XANTIAS

Ai de mim! Por que eu não estava na última batalha naval?[2] Você ia lamentar, e muito!

DIÔNISO e XANTIAS chegam à frente de uma casa na estrada.

DIÔNISO

Desça do jumento, preguiçoso! Vou bater nesta porta, onde tenho de parar primeiro.

Batendo na porta e chamando para dentro de casa.

Menino! Ô de casa! Menino!

A porta é aberta por HERACLÉS.

HERACLÉS

Quem bateu na porta? Seja quem for, bateu como um verdadeiro brutamontes. Qual é o caso? Que há de novo?

DIÔNISO

Dirigindo-se a XANTIAS.

Diga você!

XANTIAS

Dizer o quê?

DIÔNISO

Você não notou...

XANTIAS

O quê?

DIÔNISO

O medo que ele tem de mim?

XANTIAS

Vamos! Tenha cuidado para não dizer bobagens!

HERACLÉS

Por Deméter, não posso deixar de rir; estou mordendo os lábios mas ainda assim rio.

DIÔNISO

Aproxime-se, meu rapaz; tenho um pedido para lhe fazer.

HERACLÉS

Não posso mesmo conter as gargalhadas vendo uma pele de leão por cima de uma roupa amarela[3]. Que significa este modo ridículo de vestir? Qual é a relação entre o coturno e o porrete? Por onde você viajou?

DIÔNISO

Andei montado em Clistenes[4].

HERACLÉS

E você participou de algum combate naval?

DIÔNISO

E afundamos doze ou treze naus inimigas.

HERACLÉS

Vocês dois?

DIÔNISO

Sim, por Apolo!

XANTIAS

E aí eu acordei...[5]

DIÔNISO

Eu estava em minha nau lendo a *Andrômaca*[6] quando um desejo repentino me dominou (você pode imaginar com que força!).

HERACLÉS

Um desejo grande? De que tamanho?

DIÔNISO

Pequeno como Mólon.[7]

HERACLÉS

Como uma mulher?

DIÔNISO

Também não.

HERACLÉS

Como um rapaz, então?

DIÔNISO

De jeito nenhum!

HERACLÉS

Então como um homem?

DIÔNISO

Até que enfim!

HERACLÉS

É verdade que você estava com Clistenes?

DIÔNISO

Não brinque comigo, querido irmão. Estou um pouco constrangido; um desejo muito forte está me inquietando.

HERACLÉS

Que desejo é esse, irmãozinho?

DIÔNISO

Não posso dizer, mas vou dar a entender por uma via meio tortuosa. Alguma vez você teve um desejo repentino de comer purê?

HERACLÉS

Purê? Ora! Milhares de vezes na vida!

DIÔNISO

Estou me explicando suficientemente? É necessário dizer mais alguma coisa?

HERACLÉS

No caso do purê é desnecessário; compreendo muito bem.

DIÔNISO

É assim o desejo que me consome por Eurípides.

HERACLÉS

Por um homem que já morreu?

DIÔNISO

E nenhum mortal me convenceria a não ir encontrá-lo.

HERACLÉS

Lá embaixo? No Inferno?

DIÔNISO

Certamente, e mais embaixo ainda se for necessário.

HERACLÉS

Para fazer o quê?

DIÔNISO

Tenho necessidade de um bom poeta. Eles não existem mais; os que ainda estão vivos são maus.

HERACLÉS

Como? Iofon[8] não está vivo?

DIÔNISO

Só resta ele de bom, se ele é realmente bom, pois não sei muito bem se ele é mesmo bom.

HERACLÉS

Mas se você quiser tirar algum poeta trágico do Inferno, por que não tira Sófocles, que é superior a Eurípides?

DIÔNISO

Antes quero conversar com Iofon à parte e me assegurar do que ele pode fazer sem Sófocles. Eurípides, aliás, astucioso como é, fará todo o esforço possível para escapar comigo do Inferno, enquanto o outro é tão simples entre os mortos quanto era aqui na terra.

HERACLÉS

E Agaton[9], que é feito dele?

DIÔNISO

Ele me deixou; partiu. Era um bom poeta, cuja perda entristeceu os amigos.

HERACLÉS

Onde está o infeliz?

DIÔNISO

No banquete dos bem-aventurados.[10]

HERACLÉS

E Xenoclés[11]?

DIÔNISO

Aquele? Que se arrebente!

HERACLÉS

E Pitângelo?

XANTIAS

Nem uma palavra minha a mais; meu ombro está todo esfolado!

HERACLÉS

Não há por aqui milhares de outros poetas jovens fazendo tragédias, incomparavelmente mais tagarelas que Eurípides?

DIÔNISO

Eles são frágeis brotos faladores, piando como andorinhas, corruptores da arte, que tombaram vencidos pela fadiga quando compuseram uma peça, obtendo um só voto a favor da Musa trágica. Você pode procurar, mas não encontrará um só poeta fecundo, capaz de engendrar pensamentos másculos.

HERACLÉS

Como, fecundo?

DIÔNISO

Sim, fecundos, capazes de inventar expressões ousadas, tais como "o Éter, palácio de Zeus", ou "o pé do tempo", ou "o coração que não quer jurar pelas vítimas", ou "a língua que jura sem a participação do coração"[12].

HERACLÉS

Então é isto que lhe agrada?

DIÔNISO

É sim, e até me deixa louco.

HERACLÉS

Isto são apenas bobagens, e simplesmente a sua opinião.

DIÔNISO

Não tente meter as suas idéias na minha cabeça; fique com elas para você mesmo.

HERACLÉS

Sinceramente isto me parece detestável.

DIÔNISO

É melhor você me ensinar a comer bem.

XANTIAS

E de mim, nem uma palavra!

DIÔNISO

Dirigindo-se a HERACLÉS.

Quanto ao motivo que me traz aqui, disfarçado com este enfeite semelhante ao seu, é para ficar sabendo de você, em caso de necessidade, quais são os anfitriões que acolheram você em sua descida ao Inferno; me indique também os portos, as padarias, os prostíbulos, as paradas, os hotéis, as fontes, as rotas, as cidades, os alojamentos, as hospedarias onde há menos percevejos.[13]

XANTIAS

E de mim, nem uma palavra!

HERACLÉS

Você se atreverá a fazer essa viagem?

DIÔNISO

Não argumente nada contra este projeto; me indique somente a rota mais curta para chegar ao Inferno, uma rota que não seja nem muito quente, nem muito fria.

HERACLÉS

Pensemos: qual delas indicarei primeiro? Qual? Seria, por exemplo, arranjar um banco e uma corda e se enforcar.

DIÔNISO

Passemos a outra; esta é asfixiante.

HERACLÉS

Há ainda um atalho muito freqüentado: o do gral[14].

DIÔNISO

Você quer dizer a cicuta?

HERACLÉS

Exatamente!

DIÔNISO

Esse caminho é frio como o gelo; ele entorpece logo as pernas[15].

HERACLÉS

Você prefere uma viagem rápida?

DIÔNISO

Prefiro, desde que você considere que não sou um bom andarilho.

HERACLÉS

Vá ao Cerâmico[16].

DIÔNISO

E depois?

HERACLÉS

Suba ao topo de uma torre...

DIÔNISO

Para fazer o quê?

HERACLÉS

... fique de olho na tocha no momento do sinal, e quando os espectadores gritarem para a partida, lance-se.

DIÔNISO

Onde?

HERACLÉS

Do alto para baixo.

DIÔNISO

Mas assim eu vou romper as membranas do cérebro. Não quero esta rota.

HERACLÉS

Então, qual delas você quer afinal?

DIÔNISO

A que você mesmo escolheu antigamente.

HERACLÉS

O percurso é longo. Você chegará primeiro a um pântano interminável e muito profundo.

DIÔNISO

E como vou poder atravessá-lo?

HERACLÉS

Um velho navegante atravessará com você numa barca bem pequena, e você pagará dois óbolos pelo serviço.

DIÔNISO

É mesmo? Que poder têm dois óbolos[17]!

HERACLÉS

Foi Teseu quem ganhou isso primeiro. Depois você vai ver uma porção de serpentes e de outros monstros assustadores.

DIÔNISO

Não tente me amedrontar nem me espantar; você não abalará minhas convicções.

HERACLÉS

Depois vêm um lamaçal espesso e uma torrente lodosa. Naquele lodo você vai encontrar quem tiver violado os direitos de hospitalidade, quem não tirou dinheiro de seu salário para pagar ao menino de quem abusou sexualmente, quem ultrajou sua própria mãe e surrou o pai, quem cometeu um perjúrio ou transcreveu uma tirada de Môrsimo[18].

DIÔNISO

Em minha opinião deve-se acrescentar a estes também quem aprendeu a dança pírrica de Cinésias[19].

HERACLÉS

Um pouco mais longe o som doce das flautas encantará seus ouvidos; você verá como vê aqui a luz mais pura e bosques de mirto, ouvirá coros de bem-aventurados (homens e mulheres), e aplausos calorosos.

DIÔNISO

Quais são os habitantes do lugar?

HERACLÉS

Os iniciados...

XANTIAS

Por Zeus, sou o jumento que conduz os peregrinos que vão participar dos mistérios; mas eu também não vou levar mais eles.

XANTIAS começa a descarregar os fardos.

HERACLÉS

... vão lhe dar todas as informações necessárias, pois moram bem perto, na própria estrada que conduz ao palácio de Hades. Adeus, meu irmão!

HERACLÉS entra em casa.

DIÔNISO

Adeus, então, e muita saúde!

Dirigindo-se a XANTIAS.

Vamos! Reponha a sua carga no lugar!

XANTIAS

Esta não! Antes mesmo de pôr os fardos no chão?

DIÔNISO

E depressa!

XANTIAS

Me poupe, por favor! Vá marchando com alguns dos mortos que estão indo para o Inferno.

DIÔNISO

E se eu não encontrar você depois?

XANTIAS

Então você vai ter de levar...

DIÔNISO

Você falou bem. Aqui está justamente um defunto que estão levando.

Gritando na direção do DEFUNTO.

Ei! Você aí, morto! É com você que estou falando! Me diga: você quer levar um embrulhinho meu até o Inferno?

DEFUNTO

Como é o embrulhinho?

DIÔNISO

É este aqui.

DEFUNTO

Você vai ter de me dar dois dracmas.

DIÔNISO

Isso não; é muito caro.

DEFUNTO

Continuem a caminhar, carregadores!

DIÔNISO

Espere um pouco; podemos chegar a um acordo.

DEFUNTO

Se você não me der dois dracmas, não adianta conversar.

DIÔNISO

Tome: aqui estão nove óbolos.

DEFUNTO

Nove óbolos? Prefiro até voltar a viver.

XANTIAS

Este patife é insolente! Ninguém vai castigar ele? Então eu mesmo vou!

DIÔNISO

Você é um ótimo rapaz. Vamos depressa para a barca!

CÁRON

Gritando da barca.

Opa! Espere encostar!

XANTIAS

Que é isto?

DIÔNISO

Ora! É o pântano de que ele nos falou; já estou vendo a barca.

XANTIAS

Por Poseidon! Aqui está Cáron também!

DIÔNISO

Bom dia, Cáron!

XANTIAS

Bom dia, Cáron!

DEFUNTO

Bom dia, Cáron!

CÁRON

Quem está chegando aqui, vindo da morada das inquietações e das desventuras, para entrar no asilo do repouso e do esquecimento, em direção ao tosão do asno[20], aos Cerbérios ou aos Corvos, ao abismo do Táinaro[21]?

DIÔNISO

Eu!

CÁRON

Entre logo! Fique em qualquer lugar.

DIÔNISO

Para onde você vai nos levar? É mesmo para os corvos[22]?

CÁRON

É, por Zeus, ao menos quanto a você. Então embarque.

DIÔNISO

Aqui, escravo!

CÁRON

Não transporto escravos, salvo se eles tiverem combatido no mar pelos cadáveres.

XANTIAS

Eu não podia; naquela ocasião eu estava doente dos olhos...

CÁRON

Está bem; você vai fazer o passeio pelo pântano.

XANTIAS

Onde vou parar?

CÁRON

Na rocha onde ninguém ri, perto do lugar de desembarque.

DIÔNISO

Você está ouvindo?

XANTIAS

Sim, estou ouvindo. Como sou infeliz! Que encontro eu tive saindo de casa!

Sai XANTIAS.

CÁRON

Dirigindo-se a DIÔNISO.

Sente-se no lugar de remar.

Dirigindo-se aos demais.

Se ainda há quem queira passar, que se apresente!

Dirigindo-se novamente a DIÔNISO.

Muito bem! Que faz você aí?

DIÔNISO

O que estou fazendo aqui? Me sentei na bancada do remador, como você disse.

CÁRON

Então fique aí, barrigudo.

DIÔNISO

Já estou aqui.

CÁRON

Avance os braços, recue os braços!

DIÔNISO

Pronto!

CÁRON

Não brinque em serviço! Mãos à obra e reme com toda a força.

DIÔNISO

Mas, como vou remar, eu, que não sei o que é suor e que não entendo nada de navegação?

CÁRON

Vá sempre em frente. Quando você estiver com as mãos no remo, ouvirá os cantos mais melodiosos.

DIÔNISO

De quem?

CÁRON

Dos cisnes, das rãs... Você ficará encantado.

DIÔNISO

Está bem; então dê o sinal.

CÁRON

Oopa, opa! Oopa, opa![23]

CORO DAS RÃS

Brequequequex, coax, coax. Brequequequex, coax, coax. Nós, filhas das águas pantanosas, harmonizamos nossos tons com os sons das flautas; vamos repetir este canto harmonioso, coax, coax, que entoamos nos pântanos em honra de Diôniso Nísio[24], filho de Zeus, quando a multidão embriagada na festa das panelas se reúne para celebrar as orgias nos lugares consagrados. Brequequequequex, coax, coax.

DIÔNISO

Quanto a mim, começo a sentir dores no traseiro. Coax, coax!

CORO DAS RÃS

Brequequequequex, coax, coax.

DIÔNISO

Vocês pouco estão se incomodando comigo.

CORO DAS RÃS

Brequequequequex, coax, coax.

DIÔNISO

Danem-se vocês com seu coax, coax! É sempre o mesmo refrão, coax, coax.

CORO DAS RÃS

E com razão, criatura astuta, pois somos amadas pelas Musas com suas liras harmoniosas, e por Pã com seus pés de casco, enquanto faz reboar a sua flauta rústica. Apolo, tão competente com sua cítara, gosta de nós por causa das canas que nutrimos nos pântanos para servirem de cavalete à lira dele. Brequequequequex, coax, coax.

DIÔNISO

Quanto a mim, estou com bolhas nas mãos, meu traseiro está todo suado, e logo, de tanto remexer, ele vai dizer...

CORO DAS RÃS

Brequequequequex, coax, coax.

DIÔNISO

Maldita raça de cantoras! Vocês não vão terminar o concerto?

CORO DAS RÃS

Cantemos mais. Se nunca, à claridade de um dia sereno, nós saltamos entre flores perfumadas, todas alegres com o refrão que os remadores cantam, ou se jamais, fugindo às chuvas de Zeus e encolhidas no fundo do abismo, misturamos as vozes de nossos coros acelerados ao som das vagas espumantes, é agora, mais do que nunca, que devemos repetir brequequequequex, coax, coax.

DIÔNISO

Vou tirar este prazer de vocês!

CORO DAS RÃS

Seria um suplício para nós.

DIÔNISO

Para mim é um suplício ainda maior me arrebentar remando.

CORO DAS RÃS

Brequequequequex, coax, coax.

DIÔNISO

Tomara que a peste ataque vocês!

CORO DAS RÃS

Pouco nos importa. Enquanto nossa goela agüentar, gritaremos o dia todo: brequequequequex, coax, coax.

DIÔNISO

Vocês não gritarão com mais força do que eu.

CORO DAS RÃS

Nem você mais forte do que nós!

DIÔNISO

Não! Vocês não ganharão de mim! Gritarei durante todo o dia, até abafar o coax de vocês!

CORO DAS RÃS

Brequequequequex, coax, coax.[25]

DIÔNISO

Eu tinha certeza de que obrigaria vocês a silenciar o coax.

CÁRON

Dirigindo-se a DIÔNISO.

Pare! Pare! Ponha de lado os dois remos! Desembarque e pague a sua passagem!

DIÔNISO

Tome; aqui estão dois óbolos.

Chamando XANTIAS.

Onde está você, Xantias? Xantias! Xantias!

XANTIAS

De longe.

Olá!

DIÔNISO

Venha cá!

XANTIAS

Salve, meu senhor!

DIÔNISO

Que significa esta frescura?

XANTIAS

Por aqui só há trevas e lama.

DIÔNISO

Você viu em algum lugar os parricidas e os perjuros de quem ele falava?

XANTIAS

Não. E você?

DIÔNISO

Por Poseidon!

Olhando para os espectadores.

Agora estou vendo! Que devemos fazer quanto a isto?

XANTIAS

É melhor ir mais longe, pois aqui é o lugar onde ele dizia que estão os monstros mais horripilantes.

DIÔNISO

A decepção dele vai ser grande. Ele me contou um montão de histórias da carochinha para me amedrontar; ele sabe que sou valente; é puro despeito. Ninguém é mais presunçoso que Heraclés. Bem que eu desejaria algum encontro, algum acontecimento para marcar dignamente a minha viagem.

XANTIAS

Juro que estou ouvindo barulho!

DIÔNISO

Onde? Onde?

XANTIAS

Lá atrás.

DIÔNISO

Então dê marcha a ré.

XANTIAS

Não posso; é para a frente que se vai.

DIÔNISO

Então marche para a frente.

XANTIAS

Ai! Zeus! Estou vendo um monstro enorme!

DIÔNISO

Como é ele?

XANTIAS

Espantoso! Ele toma todas as formas; ora é um boi, ora uma mula, ora uma mulher encantadora.

DIÔNISO

Onde está a mulher? Vamos ao encontro dela!

XANTIAS

Agora não é mais mulher; é uma cadela.

DIÔNISO

Então ela é a Êmpusa[26]?

XANTIAS

Sai fogo do rosto dela!

DIÔNISO

Ela tem uma das pernas de bronze?

XANTIAS

Tem, sim, e a outra é uma perna de jumenta. Não tenha dúvidas!

DIÔNISO

Em que direção eu devo fugir para escapar dela?

XANTIAS

E eu?

DIÔNISO

Correndo para o sacerdote de Diôniso sentado na primeira fila do teatro.

Ah! Sacerdote! Me salve! Depois vamos beber e comer juntos.

XANTIAS

Estamos perdidos, poderoso Heraclés!

DIÔNISO

Não me chame de Heraclés, por favor! Não diga o meu nome!

XANTIAS

Então estamos perdidos, Diôniso!

DIÔNISO

Ainda menos este que o outro!

XANTIAS

Vá direto na minha frente. Por aqui, meu senhor! Por aqui!

DIÔNISO

Qual é o caso?

XANTIAS

Confie em mim! Tudo vai acabar bem. Podemos dizer como Hegêloco: "Depois da tempestade vejo o gato."[27] A Êmpusa desapareceu!

DIÔNISO

Jure por Zeus!

XANTIAS

Por Zeus!

DIÔNISO

Jure de novo!

XANTIAS

Por Zeus!

DIÔNISO

Jure!

XANTIAS

Por Zeus!

DIÔNISO

Ah! Deuses! Como fiquei amarelo diante desta aparição!

XANTIAS

Apontando para a roupa de DIÔNISO.

E isto aí também amarelou com o seu medo?

DIÔNISO

Coitado de mim! "De onde vêm todos os males que me assolam?" "A que deus devo atribuir a autoria de minha triste sorte?" Será o "Éter, palácio de Zeus?", ou "o pé do tempo"?[28]

Ouve-se o som de uma flauta.

XANTIAS

Oba!

DIÔNISO

Qual é o caso?

XANTIAS

Você não ouviu?

DIÔNISO

O quê?

XANTIAS

O som das flautas.

DIÔNISO

É mesmo, e o odor místico das tochas envia suas exalações até mim. Fiquemos quietos para ouvir.

CORO DOS INICIADOS

Íaco! Íaco! Íaco! Ó Íaco![29]

XANTIAS

É isso mesmo, meu senhor! São as festas dos iniciados, de quem Cáron nos falou. Eles cantam Íaco, como Diágoras[30].

DIÔNISO

Também me parece. É melhor ficar em silêncio para ver qual é o caso.

CORO

Avançando de longe.

Íaco! Você que é adorado nesta região desolada, Íaco, ó Íaco! Venha presidir as suas danças sobre a grama entre os iniciados em seus mistérios! Agite em sua fronte a coroa de mirto, e com os pés ousados mostre esta dança ousada, alegre, cheia de graça, sagrada e querida pelos fiéis!

XANTIAS

Augusta filha de Deméter! Que a carne de porco exale aqui um odor delicioso em minha direção!

DIÔNISO

Você não pode ficar calado? Trate de pegar também um pedacinho de chouriço!

CORO

Entrando.

Reanime a chama das tochas agitando-as com suas mãos! Íaco, astro brilhante da iniciação noturna! O prado está iluminado por mil fogueiras; a barriga da perna dos anciãos recupera seu vigor antigo; eles afastam os achaques da idade e esquecem o peso dos anos para participar das solenidades. Salve você, que brilha com uma luminosidade cintilante, à frente de uma juventude ágil neste prado fresco e enfeitado de flores!

CORIFEU

Retirem-se e dêem lugar aos nossos coros aqueles que, estranhos a nossos cantos, não têm a alma pura, que não são admitidos nas festas das Musas nem nas suas danças, nem iniciados na linguagem dionisíaca de Cratino[31]; aqueles que se comprazem com as conversas dos bufões e com brincadeiras impertinentes; aqueles que, em vez de apaziguar uma sedição inimiga e praticar a benevolência com seus concidadãos, incitam e fomentam a discórdia em seu próprio interesse; que, elevados ao governo de uma cidade envolvida em tempestades, se deixam corromper com presentes, entregam fortalezas e naus ou, como outro Torícion[32], esse miserável cobrador de impostos, exportam de Áigina para Epídauro mercadorias proibidas — couros, linho, piche —; que aconselham a emprestar dinheiro aos inimigos para construírem mais naus; ou profanam as imagens de Hecate, misturando seus cantos com os coros acompanhados de danças; ou finalmente algum orador que avilta o salário dos poetas cômicos porque foi mostrado em cena durante as festas de Diôniso. Digo e repito a toda aquela gente — e torno a repetir — que dê lugar a nossos coros sagrados. Quanto a vocês, entoem seus cantos e seus hinos noturnos para acompanhar nossa festa.

Avance cada um ousadamente pelos vales floridos da última e sombria morada, e batendo com o pé no chão dê partida à alegria, às brincadeiras e a ditos espirituosos. Agora basta de festas; marchem, e que seus cantos celebrem dignamente nossa divina protetora, que prometeu zelar sempre pela salvação desta terra, apesar de Torícion. Comecem agora outros hinos em honra da divina Deméter, mãe dos frutos; celebrem Deméter com cantos sacros, Deméter que preside os santos mistérios! Seja-nos propícia e proteja o coro que lhe é consagrado! Faça com que possamos sempre nos entregar aos jogos e às danças, aliar ao riso sábias palavras, e por uma agradável diversão, digna de suas solenidades, merecer a coroa de vencedor. Invoque também em seus cantos este deus amável e participe sempre de nossas danças! Venerável Íaco, que nos ensina as árias suaves que ressoam nesta festa, acompanhe-nos até a morada da deusa, e mostre que você sabe percorrer uma longa rota sem fadiga! Íaco, amigo da dança, venha conosco! Foi você quem despedaçou assim este coturno e rasgou estas roupas humildes que fazem rir, e cujo modesto manto nos permite dançar com mais desenvoltura. Íaco, amigo da dança, venha conosco! Agora mesmo nossos olhos indiscretos perceberam uma moça de rara beleza; ela brincava com suas companheiras, e sua túnica rasgada nos deixou entrever seu pescoço. Íaco, amigo da dança, venha conosco!

XANTIAS

E eu vou entrar com muito gosto no bando alegre e dançar com ele!

CORO

Vocês também querem algumas piadas sobre Arquédemo[33], que aos sete anos ainda não tinha seu título de cidadão, e agora governa os mortos de lá de cima[34], onde detém o cetro da indignidade? Sabemos que Clistenes depila suas nádegas entre as sepulturas e mortifica o rosto; lá, tristemente estendido, ele geme desolado e chama aos berros seu querido Sebino de Anaflisto. Dizem também que Calias, o tristemente famoso filho de Hipôbino, arranjou uma estranha juba leonina para usar em combates navais.[35]

DIÔNISO

Dirigindo-se ao CORO.

Vocês poderiam nos dizer onde é a morada de Hades? Somos estrangeiros recém-chegados ao Inferno.

CORIFEU

Não vá mais longe nem repita a pergunta; a porta da morada dele está à sua frente.

DIÔNISO

Apanhe novamente a sua trouxa, Xantias.

XANTIAS

Ele não diz outra coisa; é a "Corinto de Zeus"[36] para a minha trouxa.

CORO

Agora dancem dando voltas em honra da deusa, vocês que são admitidos nesta solenidade religiosa, e entreguem-se às brincadeiras neste bosque risonho. Vamos juntar-nos às moças a às mulheres no recinto onde se celebra a festa noturna da deusa e levaremos a tocha sagrada.[37] Vamos pelos prados floridos, cheios de rosas, exercitar-nos de acordo com nossos usos, nestas danças animadas sob a direção das Parcas tenebrosas. O sol e a lua brilham somente para nós, que somos iniciados, e que durante nossas vidas fomos benévolos em nosso convívio com os estrangeiros e com nossos concidadãos.

O CORO *se posiciona à direita.* DIÔNISO *e* XANTIAS *aproximam-se da porta da casa de Hades à esquerda.*

DIÔNISO

Como vou bater nesta porta? De que maneira a gente do Inferno bate?

XANTIAS

Não perca tempo; bata com a força de Heraclés, como você costuma fazer.

DIÔNISO

Gritando em direção à casa de Hades.

Alô, rapaz!

ÁIACO

Entrando e confundindo DIÔNISO *com* HERACLÉS.

Sem-vergonha, indecente, atrevido, o mais celerado dos celerados! Foi você que levou daqui o nosso Cérbero[38], torcendo o pescoço dele! Foi você que nos roubou aquele cachorro à minha guarda! Agora peguei você! Os negros rochedos do Stige e o rochedo ensangüentado do Aquêron pegaram você! Os cachorros errantes do Cócito e a Hidra de cem cabeças estraçalharão suas entranhas! As moréias tartesianas[39], as Gôrgonas titrasianas[40] destruirão suas entranhas, seus rins ensangüentados! Corro para ir procurá-las com meus próprios passos!

XANTIAS

Dirigindo-se a DIÔNISO, *que estava acocorado de medo.*

Que é que você está fazendo aí?

DIÔNISO

Já me borrei de medo! Valha-me o deus!

XANTIAS

Você não tem vergonha? Levante-se depressa antes que algum estrangeiro veja você nesta posição!

DIÔNISO

Estou sentindo que vou desmaiar; aplique uma esponja molhada sobre o meu... coração!

XANTIAS

Está aqui a esponja; pronto!

DIÔNISO

Chegue a esponja mais para baixo!

XANTIAS

Onde? Deus de ouro! Seu coração é aí?

DIÔNISO

O medo fez ele descer até o baixo-ventre...

XANTIAS

Ah! Mais covarde dos deuses e até dos homens!

DIÔNISO

Eu, covarde? Eu lhe pedi uma esponja. Ninguém mais teria feito o mesmo?

XANTIAS

Como?

DIÔNISO

Um covarde ficaria todo sujo, mas eu me virei e me limpei.

XANTIAS

Por Poseidon! Que feitos heróicos!

DIÔNISO

Sem nenhuma dúvida. Mas você não está com medo dessas ameaças estrepitosas?

XANTIAS

Francamente, pouco estou ligando para elas.

DIÔNISO

Muito bem. Já que você é um bravo, muito valente mesmo, desempenhe meu papel; pegue este porrete e a pele de leão, já que você não está tremendo; eu, de minha parte, vou levar a trouxa.

XANTIAS

Está bem; faça isso depressa. Tenho de obedecer. Olhe para Xantias-Heraclés; veja se tenho o jeito de um frouxo e se sou parecido com você.

DIÔNISO

De jeito nenhum; vão pensar que você é o tratante do povoado de Melite[41]. Vamos! Eu me encarrego da trouxa.

Uma CRIADA sai da casa de Perséfone.

CRIADA

É você, querido Heraclés? Entre logo! Desde que Perséfone soube de sua chegada ela amassou pães, mandou cozinhar legumes em muitas panelas e fez purê e mandou assar um boi inteiro e fazer bolos e doces. Entre, então!

XANTIAS

Fingindo ser DIÔNISO.

É muita honra; muito obrigado.

CRIADA

Ah! Por Apolo! Não vou deixar você ir embora; ela mandou também cozinhar galinhas, assar biscoitos e preparar o vinho mais doce.

XANTIAS

Dando a impressão de que ia embora.

Muitíssimo obrigado.

CRIADA

Você está brincando comigo! Não vou deixar você ir embora. Você vai ver lá dentro uma flautista das mais bonitas e duas ou três dançarinas.

XANTIAS

Que é que você está dizendo? Dançarinas?

CRIADA

Elas estão na flor da juventude e se depilaram há pouco tempo. Mas entre; o cozinheiro já ia tirar o peixe do fogo e os escravos já estavam trazendo a mesa.

XANTIAS

Que ótimo! Vá dizer às dançarinas que eu venho num instante.

Dirigindo-se a DIÔNISO que se fingia de XANTIAS.

Escravo! Me siga deste lado com a sua trouxa!

DIÔNISO

Espere um pouco. Sem dúvida você não está levando a sério o papel de Heraclés, que lhe dei brincando. Ou está? Torne a pôr a trouxa no ombro!

XANTIAS

Que é isto? Você não pensa — suponho eu — em me tirar o que me tinha dado!

DIÔNISO

Então ouça bem: vou fazer isto mesmo e neste instante. Tire esta pele de seus ombros!

XANTIAS

Invoco os deuses como testemunhas e ponho nas mãos deles o cuidado de se vingarem!

DIÔNISO

Que deuses? Você será tão louco a ponto de acreditar que é o próprio Heraclés, filho de Alcmene? Você, que é um simples mortal e ainda por cima um escravo?

XANTIAS

Está bem! Está bem! Já estou acostumado. Talvez um dia você necessite de mim, se os deuses quiserem.

CORO

Convém a um homem sensato, prudente e com muita experiência da vida ficar sempre do lado da nau que afunda menos, em vez de permanecer imóvel como uma estátua, na mesma atitude; mas saber dar meia-volta e adotar a posição mais vantajosa é próprio de um homem experimentado, de um Teramenes[42].

DIÔNISO

Não seria ridículo ver Xantias, um simples escravo, deitado num tapete de Mileto, abraçar uma dançarina e me pedir para trazer o penico, enquanto eu ficasse me masturbando diante dessa visão? E ele, insignificante como é, quando me visse me quebrasse os dentes da frente com um murro na boca?

Entra a 1ª TABERNEIRA.

1ª TABERNEIRA

Gritando para a 2ª TABERNEIRA.

Platane! Platane! Venha cá! Está aqui aquele cara que entrou um dia em nossa taberna e nos roubou dezesseis pães!

Entra a 2ª TABERNEIRA.

2ª TABERNEIRA

É ele mesmo! É o próprio!

XANTIAS

As coisas vão mal para alguém...

1ª TABERNEIRA

E além dos pães, vinte porções de carne cozida de meio óbolo cada uma delas!

XANTIAS

Alguém vai sofrer por isso...

1ª TABERNEIRA

E além disso muito alho!

DIÔNISO

Você está brincando, mulher; você não sabe o que diz.

1ª TABERNEIRA

Você imaginava que, por estar calçando coturnos, eu não ia reconhecer você? Mas eu ainda não disse nada das muitas porções de carnes salgadas!

2ª TABERNEIRA

Nem eu do queijo fresco que ele engoliu com o cesto e tudo; e quando pedi para ele pagar, o maluco me olhou de lado e começou a mugir.

XANTIAS

Reconheço muito bem aquele cara; ele faz a mesma coisa em toda parte.

2ª TABERNEIRA

E ele puxou a espada com um ar furioso.

1ª TABERNEIRA

Coitada de mim! Foi isto mesmo.

2ª TABERNEIRA

Nós, dominadas pelo medo, saltamos logo num desvão, enquanto ele escapava levando as nossas esteiras.

XANTIAS

Tudo isto está na cara dele, mas vocês não deviam insistir tanto nisto.

1ª TABERNEIRA

Vamos logo chamar Clêon, nosso protetor[43].

2ª TABERNEIRA

E você, trate de chamar Hipérbolo; vamos acabar sem dó nem piedade com este sem-vergonha!

1ª TABERNEIRA

Goela insaciável! Como eu ia gostar de quebrar a pedradas estes dentes que mastigaram as minhas mercadorias!

2ª TABERNEIRA

E eu, de jogar o guloso no Báratro[44]!

1ª TABERNEIRA

Eu ia gostar muito de pegar uma foice e cortar esta garganta por onde passaram os pães que eu tinha torrado debaixo da cinza! Mas vou já procurar Clêon, que vai levar você ao tribunal e resolver tudo isto!

Saem as TABERNEIRAS.

DIÔNISO

Que eu morra se não gosto loucamente de Xantias!

XANTIAS

Eu sei; eu sei onde você quer chegar; basta de palavras bonitinhas. Não quero mais voltar a ser Heraclés.

DIÔNISO

Não diga isto, meu Xantiasinho!

XANTIAS

Um escravo, um simples mortal pode ser filho de Alcmene?[45]

DIÔNISO

Sei que você está aborrecido, e tem motivos para estar. Ainda que me quisesse mal você não me espancaria. Mas se de agora em diante eu lhe atribuir este papel, que eu morra da morte mais cruel, eu, minha mulher, meus filhos e o remeloso Arquédemo[46]!

XANTIAS

Aceito seu juramento, e nestas condições retomo o papel.

CORO

Dirigindo-se a XANTIAS.

Cabe a você agora, depois de ter novamente vestido sua roupa antiga, mostrar-se com o viço da juventude e o olhar atravessado, como o deus que você finge ser. Se você deixar escapar alguma bobagem, ou se agir como um covarde, terá de carregar novamente a trouxa.

XANTIAS

A opinião de vocês é boa, minhas amigas, mas eu mesmo já pensei em tudo isto. Ainda que as coisas saiam bem ele vai querer me esfolar — só espero isto dele; mas apesar disso não deixarei de mostrar uma constância inabalável e um olhar ameaçador. Mas a hora é de agir; estou ouvindo o barulho de uma porta que se abre.

Entram ÁIACO e três guarda-costas escravos.

ÁIACO

Dirigindo-se a seus guarda-costas.

Amarrem depressa este ladrão de cães![47] Ele tem de ser punido! Depressa!

DIÔNISO

Isto vai mal para alguém...

XANTIAS

Dirigindo-se aos guarda-costas.

Danem-se! Não se aproximem!

ÁIACO

Você resiste? Vamos, Ditilas, Cablias, Pardocas! Marchem contra ele!

DIÔNISO

Não é uma perfídia roubar alguém e ainda achar que deve espancar os roubados?

XANTIAS

Isto ultrapassa todos os limites!

DIÔNISO

Isto é insuportável! Isto é uma ignomínia!

XANTIAS

É mesmo, por Zeus! Quero morrer se jamais estive nestes lugares, ou se roubei o valor de um argueiro. Estou pronto a lhe dar uma prova brilhante: pegue um destes escravos, interrogue ele,[48] e se você achar que sou culpado, mande me matar!

ÁIACO

Que torturas aplico nele?

XANTIAS

Todas; amarre ele num cavalete[49]; pendure ele, dê uma surra de corda nele; esfole ele; torture ele; derrame vinagre nas narinas dele; ponha tijolos em cima dele; use todos os meios, menos o de chicoteá-lo e de pôr alho bravo e alho novo nas feridas.

ÁIACO

É isso mesmo. E se eu estropiar seu escravo você pedirá indenização?

XANTIAS

De jeito nenhum! Você pode levar ele e submeter ele a torturas.

ÁIACO

Vou fazer tudo isto aqui mesmo, para que ele fale na sua presença.

Dirigindo-se a DIÔNISO.

Você aí, ponha sua trouxa no chão e trate de não mentir.

DIÔNISO

Proíbo você de pôr as mãos em mim! Sou um imortal! Se você fizer alguma coisa a mim, o mal recairá sobre sua cabeça!

ÁIACO

Que é que você está dizendo?

DIÔNISO

Digo que sou imortal, Diôniso, filho de Zeus;

Apontando para XANTIAS.

ele é que é escravo.

ÁIACO

Dirigindo-se a XANTIAS.

Você está ouvindo?

XANTIAS

Sim; estou ouvindo; e é por isto que é necessário bater nele com mais força; se ele é um deus não vai sentir as porradas.

DIÔNISO

Se você tem a pretensão de ser deus, por que não se submete a uma prova?

XANTIAS

Esta observação é interessante; aquele de nós dois que você vir chorar primeiro, ou se mostrar sensível às porradas, você pode concluir que não se trata de um deus.

ÁIACO

Sem dúvida você é um homem valente, Xantias. Você se antecipa ao que é justo. Vamos! Tirem a roupa!

XANTIAS

Como você vai fazer a experiência de maneira justa?

ÁIACO

É fácil; vocês vão receber as porradas alternadamente.

XANTIAS

Grande idéia! Preste atenção; observe bem para ver se estou resmungando.

ÁIACO

Pronto! Já bati em você.

XANTIAS

Não é verdade.

ÁIACO

De fato, ninguém diria que você já foi espancado. Vejamos este aqui; vou bater nele.

DIÔNISO

Quando você vai fazer isso?

ÁIACO

Mas eu já bati em você!

DIÔNISO

Como, se eu nem estremeci?

ÁIACO

Não sei; vou recomeçar no outro.

XANTIAS

Decida-se, então! Trá-lá-lá! Trá-lá-lá!

ÁIACO

Que significa este "Trá-lá-lá"? É que você está chorando?

XANTIAS

De jeito nenhum! Eu estava pensando na época em que se celebra a festa de Heraclés em Dioméia[50].

ÁIACO

Aqui está uma criatura muito religiosa! Passemos ao outro!

DIÔNISO

Ai! Ai!

ÁIACO

Que é que há?

DIÔNISO

Estou vendo cavaleiros.

ÁIACO

Então, por que você está chorando?

DIÔNISO

É porque estou cheirando cebola.

ÁIACO

Então você pouco está ligando às porradas?

DIÔNISO

Nem estou pensando nelas.

ÁIACO

Tenho de voltar a este aqui.

XANTIAS

Trá-lá-lá!

ÁIACO

De novo? Que é isto?

XANTIAS

Tire este espinhozinho de mim.

ÁIACO

Que significa isto? Tenho de voltar ao outro.

DIÔNISO

Ah! Apolo! Como se adora você em Delos e em Delfos!

XANTIAS

Ele gemeu! Você não ouviu?

DIÔNISO

De jeito nenhum! Eu estava me lembrando de uns versos de Hipônax[51].

XANTIAS

Assim você não faz nenhum progresso; bata na barriga dele!

ÁIACO

Bem lembrado! Vamos! Descubra a barriga!

DIÔNISO

Ah! Poseidon....

XANTIAS

Alguém gemeu!

DIÔNISO

... você que reina nos promontórios do mar Egeu, ou nas profundezas do mar azulado!

ÁIACO

Por Deméter! Não posso distinguir qual dos dois é um deus. Mas entrem; meu senhor e Perséfone, que são deuses eles mesmos, julgarão o caso.

DIÔNISO

Você falou bem, mas eu teria preferido que você tivesse tomado essa atitude antes de eu receber as porradas.

Entram todos em casa.

CORO

Assista, Musa, a nossos coros sagrados! Venha juntar-se a nós em nossos cantos e ver esta multidão de homens capazes e mais nobremente ambiciosos que este

Cleofon[52], cujos lábios infatigáveis deixam escapar um som áspero, semelhante ao pio das andorinhas da Trácia numa árvore daquela região bárbara. Ele imita o canto lamentoso do rouxinol, pois perecerá ainda que os sufrágios sejam repartidos igualmente.

CORIFEU

Convém ao coro sagrado dar à cidade conselhos úteis. Nosso primeiro cuidado é o de estabelecer a igualdade entre todos os cidadãos, e de livrá-los de todos os temores. Se alguém se deixou desviar do bom caminho pelos artifícios de Frínico[53], penso que devemos deixar àqueles que não aproveitaram na época a oportunidade de defender sua causa e de se justificar. Em seguida pretendemos que a nenhum homem indigno deve ser concedido o direito de cidadania. Com efeito, é vergonhoso que, pelo fato de alguém se ter engajado uma vez em um combate naval, goze logo os mesmos direitos concedidos aos habitantes de Platéia, e de escravo passe a ser senhor. Não quero dizer que isto seja malfeito; ao contrário, aplaudo a medida; este é o único caso em que vocês agiram sensatamente. Mas não é menos justo que aqueles que combateram tantas vezes no mar com vocês, à semelhança de seus pais, unidos a vocês pelo nascimento, obtenham o perdão por sua única falta. Vocês, então, que a natureza fez tão sábios, relaxem um pouco de sua severidade; façamos de tal maneira que todos que combateram nos bancos das nossas naus formem uma única família; sejam todos reabilitados e gozem os direitos de cidadania. Se mostramos tanta altivez e atrevimento a respeito do direito de cidadania quando estávamos à mercê das ondas, a posteridade não louvará nossa sabedoria. Se conhecemos bem aqueles que terão de se arrepender de sua conduta, o momento fatal não está longe para esse macaco turbulento, o baixinho Cligenes[54], o pior de todos os donos de banhos públicos, que mistura à sua cinza salitre de má qualidade e cal de Címolo[55]. Ele sabe disto e está sempre em pé de guerra, com um porrete na mão com medo de que o roubem quando está bêbedo. Muitas vezes notamos que nesta cidade se age em relação às pessoas honestas como se agia a respeito da moeda antiga. Ela era sem ligas, a melhor de todas, a única bem cunhada, a única que tinha curso tanto entre os gregos como entre os bárbaros; mas em vez de usá-las, preferimos estas moedas de cobre de má qualidade cunhadas recentemente, e de má liga. Acontece a mesma coisa com os cidadãos: aqueles que sabemos que são bem-nascidos, modestos, justos, honestos, hábeis nos exercícios físicos, na dança, na música, nós os ultrajamos, enquanto achamos bons em tudo os indecorosos, os estrangeiros, os escravos, os vagabundos de más famílias, os novos ricos, os que antigamente a cidade não queria nem mesmo para serem vítimas expiatórias. Mudem, então, de métodos, e demonstrem sua confiança nas pessoas de bem. Se vocês forem bem-sucedidos nesta mudança de atitude, receberão louvores por isto; se caírem, pelo menos terão caído de uma boa árvore.

XANTIAS sai de casa com um ESCRAVO de Hades.

ESCRAVO

Dirigindo-se a XANTIAS.

Por Zeus Salvador, seu senhor é um homem valoroso.

XANTIAS

Um homem valoroso! Acredito nesta conversa... Ele só sabe beber e transar.

ESCRAVO

Por que ele não lhe deu umas porradas quando pegou você em flagrante de mentira, você que, sendo um simples escravo, passava por senhor?

XANTIAS

Ele teria se arrependido.

ESCRAVO

Assim fala um bom escravo; eu gosto de fazer a mesma coisa.

XANTIAS

Você está dizendo que gosta da coisa?

ESCRAVO

Me sinto o mais feliz dos homens quando maldigo meu senhor sem ele perceber.

XANTIAS

E quando você vai até a porta grunhindo, depois de ele ter moído você a pancadas?

ESCRAVO

Ainda assim eu tenho prazer.

XANTIAS

E quando você se mete com o que você não tem nada a ver?

ESCRAVO

Não conheço nada mais divertido.

XANTIAS

Ah! Zeus! E quando você fica xeretando, que dizem os seus senhores?

ESCRAVO

Aí é que eu fico maluco!

XANTIAS

E quando você vai contar as coisas da casa aos vizinhos?

ESCRAVO

Aí, então, eu gozo!

XANTIAS

Ah! Apolo! Me dê sua mão! Me abrace também e me diga, em nome de Zeus, companheiro de nossas penas, qual é o barulho que escuto lá dentro, que espécie de gritos e discussões!

ESCRAVO

É um desentendimento entre Ésquilo e Eurípides.

XANTIAS

Ah!

ESCRAVO

É um debate, um grande debate que começa entre os mortos; é um verdadeiro conflito!

XANTIAS

A respeito de quê?

ESCRAVO

Aqui há uma lei que ordena que todo homem superior a seus rivais nas artes mais nobres e mais engenhosas seja sustentado no Pritaneu[56] e se sente perto do próprio Hades.

XANTIAS

Estou compreendendo.

ESCRAVO

Isto até aparecer outro mais capacitado que ele em sua arte; neste caso ele tem de lhe ceder o lugar.

XANTIAS

Em que esta lei pode atingir Ésquilo?

ESCRAVO

Ele ocupou até há pouco tempo o trono da tragédia, por ter sido o primeiro em sua arte.

XANTIAS

E quem ocupa o trono agora?

ESCRAVO

Logo que Eurípides desceu para estas profundezas deu uma amostra de sua astúcia aos ladrões, aos batedores de carteiras, aos parricidas, aos arrombadores de portas, gente que abunda no Inferno; essa gente, vendo a desenvoltura dele para falar dos prós e contras, suas sutilezas, seus artifícios, apaixonou-se por ele e decidiu que ele era mais competente; e, presunçoso como é, ele se apoderou do trono onde se sentava Ésquilo.

XANTIAS

E não apedrejaram ele?

ESCRAVO

Não, por Zeus! Ao contrário, a multidão esbravejava dizendo que tinha de haver um julgamento para decidir qual dos dois era o melhor poeta trágico.

XANTIAS

A multidão dos trambiqueiros?

ESCRAVO

Isto mesmo, e os gritos deles iam até o céu.

XANTIAS

E Ésquilo não tinha defensores?

ESCRAVO

As pessoas de bem são poucas,

Apontando para a platéia.

como também acontece aqui.

XANTIAS

Que é que Hades pretende fazer?

ESCRAVO

Realizar um concurso o mais breve possível para julgar o talento deles.

XANTIAS

E por que Sófocles não reclamou também o trono da tragédia?

ESCRAVO

Ele tirou o corpo fora; quando chegou aqui ele primeiro abraçou Ésquilo, deu a mão a ele e deixou-o na posse pacífica de seu lugar. Mas agora, como diz Clidemides[57], Sófocles está preparado para ser o reserva; se Ésquilo for o vencedor ficará em seu lugar; se não for assim, ele disputará com Eurípides.

XANTIAS

É isso aí! Que vamos fazer agora?

ESCRAVO

Dentro de poucos instantes, aqui mesmo vai começar este grande combate. O mérito dos dois competidores será pesado na balança.

XANTIAS

O quê? Vão pesar uma tragédia?

ESCRAVO

Eles trarão réguas e fitas métricas para medir os versos, recorrerão a cubos, diâmetros e esquadros. Eurípides disse que examinará as tragédias verso por verso.

XANTIAS

Ésquilo deve estar zangado.

ESCRAVO

Ele baixou a cabeça depois de lançar olhares sombrios.

XANTIAS

Quem será o juiz?

ESCRAVO

Esta é a maior dificuldade, pois na opinião dos dois faltam pessoas sensatas. Ésquilo não se entendia bem com os atenienses...

XANTIAS

Talvez ele visse ladrões entre eles...

ESCRAVO

Além disso eles consideravam os habitantes do Inferno incapazes de apreciar a genialidade dos poetas; finalmente resolveram entregar o julgamento ao seu senhor Dioniso, Xantias, já que ele conhece a arte dramática. Mas vamos entrar, pois quando nossos senhores se interessam vivamente por uma coisa as porradas chovem sobre nós.

CORO

Sim, o poeta de estilo pomposo sentirá em seu coração uma cólera violenta quando ouvir a incontrolável tagarelice de seu rival aguçando os dentes contra ele. Antes ele rolava para cá e para lá seus olhares furiosos; agora explodirá uma guerra terrível entre a sublime elevação da linguagem e os minguados recursos do espírito refinado demais; o autor de tantas sutilezas defenderá sua insignificância contra as palavras enfáticas de um gênio inventivo. Este, agitando sua vasta cabeleira e franzindo a testa assustadoramente, fará retumbar, como um sopro de gigante, períodos intimamente ligados, como as ripas de uma nau, enquanto o outro, com sua língua ágil e delgada, roendo o freio de inveja, esquadrinhará as frases, dissecará os versos de seu rival, e reduzirá a cacos o produto de uma inspiração poderosa.

Entram em cena EURÍPIDES, DIÔNISO e ÉSQUILO.

EURÍPIDES

Não! Não abrirei mão do trono! Não faça advertências, Diôniso. Tenho a pretensão de ser superior a ele em poesia trágica.

DIÔNISO

Você não diz nenhuma palavra, Ésquilo? Você está ouvindo Eurípides?

EURÍPIDES

Ele vai primeiro assumir um ar grave; era este seu charlatanismo normal em suas tragédias.

DIÔNISO

Não fale com tanta presunção, meu caro.

EURÍPIDES

Conheço há muito tempo o humor feroz de Ésquilo, sua linguagem desordenada, sem regras, sem freios, sem medida, empolada e soberba.

ÉSQUILO

Na realidade, filho de uma deusa rústica[58], é você que fala assim, declamador de tolices, criador de mendigos, que só sabe emendar trapos! Vou fazer você se arrepender de sua maledicência!

DIÔNISO

Pare, Ésquilo! Não se deixe empolgar pela cólera.

ÉSQUILO

Não pararei antes de haver mostrado que este fabricante de estropiados não tem razões para ser altivo.

DIÔNISO

Tragam um cordeiro — um cordeiro negro, meninos —, pois a tempestade vai desabar.

ÉSQUILO

Você introduziu no palco os monólogos cretenses e os himeneus incestuosos.[59]

DIÔNISO

Modere-se, venerável Ésquilo; e você, Eurípides coitadinho, se for sábio saia correndo desabaladamente para evitar esta saraivada; você não tem medo de que, em sua cólera, ele lance contra a sua cabeça alguma palavra descomunal que seu Télefo[60] deixa escapar de sua boca? Você, Ésquilo, critique sem se encolerizar e com moderação, para ser criticado de maneira idêntica. Não é decente que poetas se injuriem como vendedoras de pão na rua; você explode primeiro, como certas espécies de madeiras quando são postas no fogo.

EURÍPIDES

Estou preparado para tudo; não tenho receio nem de atacar nem de ser atacado primeiro, como ele achar melhor, a propósito dos versos, dos trechos líricos, do vigor trágico, de Peleu, de Éolo, de Meleâgro e até de Télefo.

DIÔNISO

E você, Ésquilo, qual é a sua intenção?

ÉSQUILO

Eu preferiria não combater aqui, pois não se trata de um jogo em pé de igualdade.

DIÔNISO

Por quê?

ÉSQUILO

Minhas tragédias não morreram comigo; as dele, ao contrário, morreram com ele; ele não ficará constrangido por isto. Entretanto, já que é seu desejo, tenho de tomar uma atitude.

DIÔNISO

Vamos começar; tragam incenso e brasas; antes do início do combate quero suplicar aos deuses que iluminem meu julgamento.

Dirigindo-se ao CORO.

Vocês aí, cantem um hino em honra das Musas.

CORO

Castas filhas de Zeus, nove Musas cujos olhares observam os sutis fabricantes de discursos, os fecundos artesãos de pensamentos, quando o amor da disputa os leva às vias de fato e às armas de seus artifícios mais delicados, e com ímpetos estudados e sinuosos se atacam verbalmente! Venham contemplar o poder de duas vozes eloqüentes! Venham ajudá-los e inspirem seus versos! Esta luta de gênios vai começar.

DIÔNISO

Dirigindo-se a EURÍPIDES e ÉSQUILO.

Vocês também, façam suas invocações antes de recitar seus versos.

ÉSQUILO

Queimando incenso.

Deméter! Você que formou meu coração, torne-me digno de seus mistérios!

DIÔNISO

Dirigindo-se a EURÍPIDES.

Queime incenso você também!

EURÍPIDES

Muito obrigado; tenho de invocar outros deuses.

DIÔNISO

Deuses exclusivos, recém-fabricados?

EURÍPIDES

É verdade.

DIÔNISO

Então invoque seus deuses exclusivos.

EURÍPIDES

Éter de que me nutri, Volubilidade da Linguagem, Fineza de Espírito, Olfato Sutil! Façam com que eu refute vitoriosamente as razões de meu adversário!

CORO

Sem dúvida estamos ansiosos por ouvir os discursos destes dois hábeis rivais e presenciar seus debates eruditos. As línguas deles estão na iminência de se soltar; não falta audácia no coração deles, nem calor em seus espíritos. Temos, então, de esperar para ver um deles usar todos os seus refinamentos de uma elegância castiça, e o outro, precipitando-se sobre o rival com um estilo nervoso e cheio de vigor, arruinar e aniquilar o engenhoso artífice de versos.

CORIFEU

Comecem o mais depressa possível, mas em termos polidos, sem vulgaridades, sem nada dizer daquilo que qualquer outro mortal pudesse dizer.

EURÍPIDES

Falarei mais tarde de mim mesmo e de meus galardões poéticos; neste momento quero primeiro mostrar a vaidade dele, seu charlatanismo, os meios que ele emprega para iludir os espectadores simplórios, formados na escola de Frínico[61]. Cuidava-se, por exemplo, de pôr em cena personagens sentados e cobertos com véus, como no *Aquiles* e na *Níobe*,[62] sem descobrir o rosto nem dizer uma palavra sequer, simples figurantes mudos.

DIÔNISO

Eu não poderia dizer o contrário.

EURÍPIDES

O coro recitava quatro réplicas em seguida, sem que os personagens abrissem a boca.

DIÔNISO

Eu adorava esses silêncios; eles não me agradavam menos que as tragédias de hoje.

EURÍPIDES

Você não tinha o senso comum, sem a menor dúvida.

DIÔNISO

Acredito que sim. Mas, por que ele fazia isto?

EURÍPIDES

Por charlatanismo, para manter o público na expectativa do momento em que Níobe ia falar; durante esse tempo a peça continuava.

DIÔNISO

Ah! Malandrinho! E eu fui totalmente enganado por ele? Mas, por que estas contorsões e estes gestos de impaciência?

EURÍPIDES

É que estou ansioso para vê-lo num beco sem saída. Em seguida, após as pausas desse gênero, quando a metade da peça já tinha sido representada, ele soltava uma dúzia de palavras empoladas e enfáticas, verdadeiros espantalhos que embasbacavam os espectadores.

ÉSQUILO

Como sou infeliz!

DIÔNISO

Silêncio, Ésquilo!

EURÍPIDES

Ele nada escrevia de inteligível...

DIÔNISO

Não trinque os dentes, Ésquilo!

EURÍPIDES

Era só Escamandro[63], abismos, águias de bronze esculpidas nos escudos, e outras palavras enormes como montanhas e difíceis de compreender.

DIÔNISO

De fato, passei certa vez boa parte da noite tentando saber o que era o seu cavalo-galo marrom, e imaginando que tipo de ave ele era.

ÉSQUILO

Ignorante! É a escultura com que se ornamenta a popa das naus.

DIÔNISO

Pensei que fosse Eríxis[64], filho de Filôxeno...

EURÍPIDES

Você tinha necessidade de galos nas tragédias.

ÉSQUILO

E você, inimigo dos deuses, diga-nos o que fez!

EURÍPIDES

Não apresentei no palco nem galos enormes nem "capriveados", seguindo o seu exemplo, e tais como eles são vistos em tapetes persas. Recebi de suas mãos uma tragédia totalmente sobrecarregada de exageros bombásticos e de uma pesada bagagem de palavras enormes; primeiro tornei mais leve o peso dela, e diminuí essa inchação por meio de versinhos, de digressões, de ligeiros cozimentos de beterrabas, acrescentando o suco de muitas bagatelas extraídas de livros antigos; depois a nutri com monólogos, fazendo uma mistura como as de Cefisofon[65]; e eu não esticava indistintamente toda espécie de conversas, não fazia minhas misturas ao acaso; o primeiro ator a entrar em cena expunha desde logo os antecedentes da peça.

DIÔNISO

À parte.

Seria melhor se você falasse de sua própria origem...[66]

EURÍPIDES

Desde os primeiros versos eu não deixava nenhum de meus personagens ocioso; mulher ou homem, escravo ou senhor, moça ou velha, em minhas peças todos falavam indiscriminadamente.

ÉSQUILO

Você não mereceria a morte por semelhante ousadia?

EURÍPIDES

Certamente não; eu fazia isto para ser agradável ao povão.

DIÔNISO

Passemos a outro tópico; a discussão deste não seria vantajosa para você, Eurípides.

EURÍPIDES

Apontando para os espectadores.

Além disso ensinei os atenienses a falar.

ÉSQUILO

Estou de acordo quanto a isto. Mas por que você não explodiu antes disto?

EURÍPIDES

Mostrei o uso das regras mais sutis, das palavras de duplo sentido, a arte de refletir, de ver, de compreender, de ser esperto, de intrigar, de amar, de admitir a maldade, de controverter os fatos...

ÉSQUILO

Estou de pleno acordo quanto a isto.

EURÍPIDES

Pus em cena os hábitos da vida cotidiana, coisas banais, familiares, sobre as quais cada espectador estava em condições de julgar. Não me esforçava por confundir a inteligência com um estrépito de palavras, nem por encher de espanto os espectadores diante de Cicnos e de Mêmnons[67] guiando seus corcéis ornados de sinetas e de penachos. Você vai ficar sabendo quais são os seus discípulos e quais são os meus. Os seus: Formísio e Megentes de Magnesia, armados de lanças, de trombetas e de uma ironia mordaz. Os meus são Clitofon e o elegante Teramenes.

DIÔNISO

Teramenes? Esse homem jeitoso e capaz de tudo que, se se vê envolvido em um mau negócio, sai dele dizendo-se nascido não em Quios, mas em Céos?

EURÍPIDES

Foi assim que consegui formar o pensamento

Apontando para os espectadores.

deles, introduzindo em minhas tragédias o raciocínio e a reflexão, de tal maneira que atualmente eles podem compreender tudo, aprofundar-se em tudo e governar melhor seus lares, enfim, dar a razão de tudo dizendo a si mesmo: "Onde se pode fazer este negócio?", "Que é feito disto?", "Quem tomou aquilo de quem?".

DIÔNISO

Isto é verdade. Um ateniense entra em seu lar? Ele chama seus escravos e pergunta: "Onde está a panela?", "Quem comeu a cabeça da anchova?", "O prato que comprei no ano passado quebrou-se?", "Onde está o alho de ontem?", "Quem comeu azeitonas?". Antigamente eles ficavam abobalhados, com a boca escancarada, como patetas ou imbecis.

CORO

Você está ouvindo Eurípides, valente Aquiles? Então vejamos: o que você replicará a isto? Tomara que a ira não leve você além dos limites, pois ele o atacou violentamente. E você, nobre Ésquilo, não responda sob o domínio da cólera; recolha suas velas maiores e entregue ao vento apenas a parte menor delas; avance com moderação e espere o momento em que você sentir um vento suave e constante.

CORIFEU

Dirigindo-se a ÉSQUILO.

E você, que pela primeira vez entre os gregos deu pompa e elevação à linguagem, e contribuiu com um brilhante adorno para os concursos de tragédias, solte ousadamente a sua torrente de palavras!

ÉSQUILO

Um debate deste nível excita minha cólera; meu coração fica indignado por ter de responder a tal adversário. Mas ele não deve pensar que me reduziu ao silêncio. Responda-me: quais são os ingredientes que tornam um poeta trágico digno de admiração?

EURÍPIDES

As sábias lições que tornam os homens melhores.

ÉSQUILO

E se em vez disto você perverteu os homens e transformou em más as boas qualidades deles, que tratamento você imagina estar merecendo?

DIÔNISO

A morte. Sua pergunta é ociosa.

ÉSQUILO

É isto mesmo. Veja os homens saídos de minhas mãos: eu os edifiquei como se fossem torres feitas de palavras cheias de dignidade; eles não recusavam funções públicas onerosas, não eram ociosos, nem intrigantes, nem charlatães como hoje; só respiravam lanças e dardos, capacetes com penachos brancos, elmos, escudos recobertos de sete couros.

DIÔNISO

Ah! Eis-nos aqui! Ele nos espancará com seus capacetes!

EURÍPIDES

E como você fazia seus heróis com tudo isso?

DIÔNISO

Fale, Ésquilo; modere um pouco seu orgulho feroz.

ÉSQUILO

Com uma tragédia cheia do espírito marcial.[68]

DIÔNISO

Qual delas?

ÉSQUILO

Os sete chefes contra Tebas; todos os espectadores saíam do teatro com o furor guerreiro.

DIÔNISO

Você fez muito mal, tornando os tebanos mais belicosos, e merece uns tapas por isto.

ÉSQUILO

Vocês deviam exercitar-se, mas não cultivaram o gosto pela guerra. Depois, em *Os persas*, incuti em vocês o desejo de vencer sempre seus inimigos, produzindo uma obra-prima admirável.

DIÔNISO

Foi uma grande alegria para mim ouvir a notícia da morte de Dario e ouvir o coro gritar "Iauoi[69]" enquanto os espectadores batiam palmas.

ÉSQUILO

Aí estão os temas que os poetas devem cultivar. Veja, por exemplo, os serviços prestados desde o princípio pelos poetas mais ilustres: Orfeu ensinou os Mistérios sagrados e o horror à violência; Museu, os remédios para as doenças, e os oráculos;[70] Hesíodo ensinou a agricultura — a época das colheitas e da semeadura. E o divino Homero, de onde lhe veio tanta honra e glória senão por haver ensinado melhor que todos os outros as virtudes marciais, a arte das batalhas e a profissão das armas?

DIÔNISO

Mas não se pode aprender coisa alguma de Pantaclés, o tipo acabado do inútil; de fato, tendo de marchar há pouco tempo à frente de uma procissão, ele já tinha posto seu capacete quando sonhou que deveria adaptar um penacho nele.

ÉSQUILO

Mas ele formou muitos outros heróis, entre eles Lâmaco[71]. Foi de acordo com Homero que apresentei as façanhas de Pátroclo e de Teucro,[72] o Coração de Leão, para insuflar em cada cidadão o desejo de igualar-se a esses grandes homens, desde que ouve o som da trombeta. Mas obviamente eu não punha em cena Fedras indecorosas, nem Steneboias[73], e não sei se jamais cantei os amores de uma mulher.

EURÍPIDES

Certamente não, pois você jamais conheceu Afrodite[74].

ÉSQUILO

Nem a quero conhecer. Que ela reine sempre sobre você e os seus! Afinal de contas ela foi a sua perdição.

DIÔNISO

Nada mais verdadeiro, por Zeus. Esses desregramentos que você atribuía às mulheres dos outros, você mesmo acabou por experimentá-los, Eurípides.

EURÍPIDES

Ah! Maledicente! Que mal minhas Steneboias fizeram à cidade?

ÉSQUILO

Foi o sentimento de vergonha inspirado por seu Belerofon que levou as mulheres mais nobres a beber a cicuta.

EURÍPIDES

Eu alterei de qualquer modo a história de Fedra?

ÉSQUILO

É verdade que não, mas o poeta deve lançar um véu sobre o que é indecoroso, e evitar sua exposição à luz do dia ou apresentá-lo em cena. O poeta trágico é para a idade viril o que o preceptor é para a infância. Nada devemos dizer além do proveitoso.

EURÍPIDES

Então é proveitoso que você fale dos montes Licabetos e da altitude do monte Parnaso, em vez de usar uma linguagem totalmente humana?

ÉSQUILO

Mas é necessário, desastrado, inventar expressões correspondentes à elevação dos pensamentos. Aliás, é natural que os deuses e semideuses falem uma linguagem mais sublime, da mesma forma que vestem roupas mais imponentes que as nossas. Eu enobreci tudo e você degradou tudo.

EURÍPIDES

Como?

ÉSQUILO

Primeiro cobrindo os reis de andrajos, para inspirar piedade em relação a eles.

EURÍPIDES

Que mal eu fiz escrevendo assim?

ÉSQUILO

Isto faz com que nenhum rico hoje queira equipar uma trirreme; todos se fazem de pobres e se envolvem em andrajos.

DIÔNISO

Por Deméter! Eles vestem por baixo uma túnica de lã espessa, e depois de se imporem graças às suas mentiras vão todos os dias ao mercado de peixe.

ÉSQUILO

É a você, Eurípides, que se deve este gosto por falatórios e argúcias, que fez os ginásios de educação física ficarem desertos, e a corrupção dos jovens ávidos apenas por discutir; você inspirou também nos marinheiros o espírito de insubordinação. No meu tempo eles sabiam somente pedir sua comida e gritar "ripapai"[75]!

DIÔNISO

E peidar no nariz dos remadores da fileira inferior das naus, sujar de merda seus vizinhos e saquear os transeuntes no local onde eles iam descansar. Agora eles discutem, soltam o remo e navegam sem rumo.

ÉSQUILO

De que crimes ele não é o autor? Ele não põe em cena cafetinas, mulheres que vão parir nos templos, irmãs incestuosas e outras mulheres que dizem que a vida não é vida? Das tragédias dele sai esta multidão de escrevinhadores e charlatães que fervilham em Atenas, uma espécie de macacos que enganam sempre o povo; por outro lado, hoje ninguém sabe segurar a tocha[76] por falta de aptidão física.

DIÔNISO

É verdade; ninguém mesmo. Também nas Panatenéias pensei que ia morrer de rir, vendo na corrida um homem baixinho, muito pálido, gordo, inclinado para a frente, muito atrás dos outros competidores, que fazia um esforço terrível; os espectadores que estavam nas portas do Cerâmico[77] esmurravam a barriga, os rins, as costas e o traseiro dele; depois de tantas porradas ele deu um peido tão forte que reanimou o fogo da tocha, e assim conseguiu chegar são e salvo.

CORO

Este caso é importante; um grande debate, uma guerra declarada. É difícil nos pronunciarmos entre alguém que ataca vigorosamente e outro que se defende e replica com habilidade. Mas não fiquem sempre no mesmo terreno; há muitos outros pontos sobre os quais vocês dois podem batalhar. Mostrem e desenvolvam ousadamente todos os meios de que podem lançar mão; arrisquem alguns argumentos sutis e engenhosos. Se vocês temem que os espectadores, por ignorância, não entendam tantas filigranas de argumentação, estejam certos de que não é mais assim que todos eles fazem a guerra; cada um tem o seu livro e se forma na sabedoria. Além disso eles hoje têm o espírito mais aguçado, mais natural do que nunca. Não tenham receios; exibam todo o seu talento, pois vocês estão diante de espectadores esclarecidos.

EURÍPIDES

Passemos então a falar dos prólogos. Esta é a primeira coisa que ouvimos numa tragédia; esta será a primeira que examinarei neste sagaz poeta trágico. Nele a exposição é obscura.

DIÔNISO

Que prólogo você pretende criticar?

EURÍPIDES

Um monte deles.

Dirigindo-se a ÉSQUILO.

Recite primeiro o da trilogia de Orestes[78].

DIÔNISO

Façam todos silêncio! Fale, Ésquilo.

ÉSQUILO

"Hermes subterrâneo, que vela pelo reino paterno, seja meu protetor e meu apoio! Enfim estou de volta e entro em minha pátria!"

DIÔNISO

Dirigindo-se a EURÍPIDES.

Você tem alguma coisa a dizer?

EURÍPIDES

Mais de doze.

DIÔNISO

Mas ele disse apenas três versos.

EURÍPIDES

Há vinte defeitos em cada um deles.

DIÔNISO

Dirigindo-se a ÉSQUILO.

Aconselho você a ficar calado, Ésquilo, senão além dos três versos iâmbicos haverá muitos outros atacados.

ÉSQUILO

Eu, me calar diante dele?

DIÔNISO

Se você acredita em mim...

EURÍPIDES

Já no início ele comete a falta mais grave. Ouça a bobagem.

DIÔNISO

O que é que eu tenho com isto?

ÉSQUILO

Onde você diz que cometi a falta, Eurípides?

EURÍPIDES

Repita o primeiro verso, o de Orestes.

ÉSQUILO

"Hermes subterrâneo, que vela pelo reino paterno..."

EURÍPIDES

Orestes não diz isto sobre a tumba de seu pai?

ÉSQUILO

Sem dúvida.

EURÍPIDES

Ele quer dizer que Hermes velava, enquanto o pai de Orestes já tinha perecido sob os golpes de sua própria mulher, numa odiosa perfídia?

ÉSQUILO

Hermes não é o deus da astúcia, e sim Hermes que Socorre, que Orestes chama de Subterrâneo; é o que ele demonstra, dizendo que obteve essa função do pai.

EURÍPIDES

É ainda pior, pois ele obteve do pai este emprego subterrâneo...

DIÔNISO

Isto não significa mais que ser um desenterrador de mortos.

ÉSQUILO

Seu vinho não tem buquê, Diôniso.

DIÔNISO

Dirigindo-se a ÉSQUILO.

Passe a outro verso.

Dirigindo-se a EURÍPIDES.

E você, preste atenção às faltas.

ÉSQUILO

"Seja meu protetor e meu apoio! Enfim estou de volta e entro em minha pátria!"

EURÍPIDES

O esperto Ésquilo nos diz a mesma coisa duas vezes.

DIÔNISO

Como, duas vezes?

EURÍPIDES

Preste atenção; vou fazer você ver. "Enfim estou de volta", diz ele, e "entro em minha pátria". Ora: "estou de volta" é a mesma coisa que "entro".

DIÔNISO

Sim, é verdade. É como se alguém dissesse a seu vizinho: "Me empreste a sua gamela de amassar o pão, ou, se você quiser, sua masseira."

ÉSQUILO

De jeito nenhum, tagarela! Isto não é a mesma coisa; meu verso é excelente.

DIÔNISO

Como é isto? Me diga como você entendeu.

ÉSQUILO

Quem goza dos direitos de cidadão tem licença total para ir e vir à sua pátria, pois ele chega lá sem haver sofrido desgraça anterior; mas um exilado vem para lá e reentra lá.

DIÔNISO

Muitíssimo bem, mas por Apolo! Que diz você sobre isto, Eurípides?

EURÍPIDES

Sustento que Orestes não reentrou em sua pátria; ele chegou secretamente, sem haver obtido permissão para isso.

DIÔNISO

Muitíssimo bem, por Hermes! Mas não compreendo o que você diz...

EURÍPIDES

Passemos a outro ponto.

DIÔNISO

Vamos, Ésquilo; diga depressa. E você, Eurípides, aponte as faltas.

ÉSQUILO

"Ao pé de seu túmulo suplico, meu pai, que me ouça, que me escute!"

EURÍPIDES

Eis aí, ainda, uma repetição: "ouça" e "escute" são exatamente a mesmíssima coisa.

DIÔNISO

Mas ele estava falando com um defunto, a quem não basta dizer as coisas duas vezes ou até três.

ÉSQUILO

E você, como fazia seus prólogos?

EURÍPIDES

Vou lhe dizer; e se me repito ou encho lingüiça, me condene.

DIÔNISO

Vamos! Diga! Nada tenho a fazer senão ouvir você e julgar as belezas de seus prólogos.

EURÍPIDES

"No princípio Édipo era feliz."[79]

ÉSQUILO

Não! Com certeza não! Mas destinado à desventura, pois antes de ele ter sido concebido Apolo vaticinou que Édipo mataria seu pai (e ele nem havia nascido!). Como, então, ele "no princípio era feliz"?

EURÍPIDES

"E depois ele se tornou o mais infeliz dos homens."

ÉSQUILO

Não! Com certeza não, pois jamais ele deixou de ser infeliz. Logo após o nascimento foi exposto, em pleno inverno, por receio de que, crescendo, ele viesse a ser o assassino de seu próprio pai; em seguida, para sua desgraça, ele foi para o palácio de Políbo com seus próprios pés inchados; depois, ainda jovem, casou-se com uma mulher mais velha, e esta mulher era sua própria mãe; depois ele furou seus próprios olhos.

DIÔNISO

Feliz, quanto a isto, se ele tivesse sido general juntamente com Erasinides[80].

EURÍPIDES

Você está dizendo bobagens; quanto a mim, sou ótimo nos prólogos.

ÉSQUILO

Não vou esmiuçar cada um de seus versos palavra por palavra, mas com a ajuda dos deuses arrasarei seus prólogos com um simples sopro.

EURÍPIDES

Com um simples sopro?

ÉSQUILO

Sim, com um único sopro. Você faz os seus versos de tal maneira que se pode acrescentar a eles tudo que se quer — torrãozinho, garrafinha, saquinho. Vou provar num instante o que estou dizendo.

EURÍPIDES

Será que você vai provar?

ÉSQUILO

Vou.

DIÔNISO

Vamos! Recite!

EURÍPIDES

"Egito, segundo a tradição comum, alçando as velas para ir a Argos com seus cinqüenta filhos..."

ÉSQUILO

... perdeu sua garrafinha.

EURÍPIDES

Que significa esta garrafinha? Você se arrependerá por isto!

DIÔNISO

Recite para ele outro prólogo, Eurípides; queremos ouvir mais.

EURÍPIDES

"Diôniso que, armado com o tirso e coberto de peles de veadinhos, dança no cume do Parnaso à luz das tochas..."

ÉSQUILO

... e perdeu sua garrafinha.

DIÔNISO

Ah! Outro golpe da garrafinha!

EURÍPIDES

Para o golpe, eis aqui um prólogo ao qual ele não o poderá aplicar: "Não existe homem algum feliz em tudo; um oriundo de uma ilustre origem, não tem fortuna; outro, de nascimento obscuro..."

ÉSQUILO

... perdeu sua garrafinha.

DIÔNISO

Eurípides!

EURÍPIDES

Qual é o caso?

DIÔNISO

Creio que teremos de arriar as velas, pois esta garrafinha nos ameaça com uma tempestade violenta.

EURÍPIDES

Por Deméter, isto não me inquieta, pois agora mesmo vamos vê-la saltar das mãos dele.

DIÔNISO

Vamos; diga outro prólogo, mas tenha cuidado com a garrafinha.

EURÍPIDES

"Cadmo, filho de Agênor, tendo saído certa vez da cidade de Sídon..."[81]

ÉSQUILO

... perdeu sua garrafinha.

DIÔNISO

Compre logo essa garrafinha, meu amigo, para ela não estragar ainda mais os nossos prólogos.

EURÍPIDES

Eu? Você acha que eu comprarei qualquer coisa dele?

DIÔNISO

Se você acreditar em mim.

EURÍPIDES

Certamente não; posso recitar muitos prólogos onde ele não terá oportunidade de usar a sua garrafinha. Por exemplo: "Pêlops, filho de Tântalo, tendo chegado a Pisa com seus corcéis velozes..."[82]

ÉSQUILO

... perdeu sua garrafinha.

DIÔNISO

Você está ouvindo? Ele ainda usou a garrafinha.

Dirigindo-se a ÉSQUILO.

Vamos, chefe! Venda ela a qualquer preço. Você terá uma muito mais bonita por um óbolo.

EURÍPIDES

Não! Não! Ainda tenho muitos prólogos. "Um dia, nos campos, Oineu..."[83]

ÉSQUILO

... perdeu sua garrafinha.

EURÍPIDES

Me deixe ao menos recitar os versos inteiros: "Um dia, nos campos, Oineu, vendo uma colheita abundante, ofereceu as primícias aos deuses..."

ÉSQUILO

... e perdeu sua garrafinha.

DIÔNISO

Durante a oferta das primícias? Quem tirou ela dele?

EURÍPIDES

Deixe para lá, meu caro; que ele tente com este verso: "Zeus, como disse a própria Verdade..."

ÉSQUILO

... perdeu a sua garrafinha.

DIÔNISO

Ele ainda fará você ficar furioso, repetindo "perdeu a sua garrafinha". Esta garrafinha tem a ver com seus prólogos como a remela com os olhos; mas, em nome dos deuses, volte a seus coros.

EURÍPIDES

Já posso demonstrar que ele compõe mal os coros e se repete sem parar.

CORIFEU

Como acontece isto? Estou curioso por saber o que ele vai chamar de repetição num poeta que já fez tantos cantos líricos, muito superiores aos de hoje; não sei realmente o que ele poderá encontrar neste rei das festas de Dióniso, e temo por ele.

EURÍPIDES

Sim, admiráveis cantos líricos! Vamos ver daqui a pouco. Vou reunir todos os coros num só.

DIÔNISO

E eu contarei os trechos com estas pedrinhas.

Ouve-se o som de uma flauta.

EURÍPIDES

"Aquiles, herói da Ftia[84], por que, diante das notícias da carnificina, você não corre para aliviar a luta? Habitantes deste pântano, honraremos Hermes, deus padroeiro desta raça!"[85] Você não sente vontade de correr para tornar a luta menos desigual?

DIÔNISO

Aí estão lutas para você.

EURÍPIDES

"Ah! Mais ilustre dos gregos, filho de Atreu, que reina sobre um povo numeroso, ouça!" Você não corre para tornar a luta menos desigual?

DIÔNISO

É a terceira de suas lutas, Eurípides.

EURÍPIDES

"Silêncio, comandante das Melissas[86]! Vão abrir o templo de Ártemis!" Você não corre para tornar a luta menos desigual? "Posso relembrar aqui a partida ameaçadora dos comandantes de nossos guerreiros?" Você não corre para tornar a luta menos desigual?[87]

DIÔNISO

Ah! Zeus! Que luta interminável! Quero tomar banho! A luta fez meus rins incharem.

EURÍPIDES

Tenha paciência. Ouça ao menos este outro canto, arranjado com base em árias acompanhadas de cítara.

DIÔNISO

Vamos depressa, mas nada de luta.

EURÍPIDES

"Como este par de reis, glória da Hélade, flatotratoflatotrato[88], envia a Esfinge terrível, o cão vigilante flatotratoflatotrato, armado de lança e de um braço vigoroso? O pássaro guerreiro flatotratoflatotrato entrega aos audaciosos cães alados que cruzam os ares flatotratoflatotrato aqueles que tendem para o partido de Aias flatotratoflatotrato..."

DIÔNISO

Que significa este flatotratoflatotrato? Ele vem de Maratona, ou é o canto de algum tirador de água de poço?

ÉSQUILO

Dei àquilo que era belo outra forma igualmente bela, para não parecer que eu estava colhendo no jardim sagrado das Musas as mesmas flores de Frínico.[89]

Quanto a Eurípides, ele tira seus cantos das conversas de prostitutas, dos de Mêleto[90], das árias de flauta da Cária[91], das expressões de dor, das árias de dança. Vou mostrar isto aqui agora mesmo. Tragam-me uma lira! Mas, que é isto? Uma lira para ele? Não! Onde está a tocadora de castanholas? Venha! Venha, Musa de Eurípides! Esta é a música adequada a seus versos!

Entra uma tocadora de castanholas nua.

DIÔNISO

Esta Musa nunca fez o que as lésbicas costumam fazer?

ÉSQUILO

"Alciones, que piam sobre as ondas infindáveis do mar, com o corpo salpicado de gotas de orvalho, e vocês, aranhas que nos cantos de nossas casas te-te-te-te-tecem com suas pernas a trama de uma teia delicada, obra-prima da lançadeira que retine, lá onde o golfinho gosta de saltar, ao som da flauta, em volta das proas azuladas, agitando os oráculos e os estádios. Delícias da vinha em flor, sustentáculo da uva que amadureceu. Envolva-me em seus braços, filho meu!"[92] Você notou o ritmo?

DIÔNISO

Notei.

ÉSQUILO

O quê? Você notou?

DIÔNISO

Notei, sim; já lhe disse.

ÉSQUILO

E depois disto você se atreve a criticar meus versos, você que compõe os seus cantos no antro de Cirene[93] das doze posições? Aí estão seus versos líricos; mas quero ainda examinar seus monólogos. "Negra treva da noite, qual é este sonho funesto que você me envia do fundo da escuridão, ministra do Inferno, mero fantasma, filha da noite sombria, de aspecto repelente, envolta num negro lençol, de olhar feroz, de garras terrificantes? Mulheres! Acendam a lâmpada! Vão com suas urnas buscar as ondas dos rios. Aqueçam-nas para que eu me purifique deste sonho mandado pelos deuses! Deus do mar, é isto mesmo! Ah! Minhas companheiras! Contemplem este prodígio! Glica levou meu galo e desapareceu! Ninfas das montanhas! Ó, Mania[94]! Prendam-na! E eu, infortunada, estava então entregue ao meu labor, te-te-tecendo o linho que guarnecia meu fuso, fazendo um novelo para levá-lo ao mercado de madrugada e vendê-lo. Ele se elevava nele, ele se elevava nos ares, levado por sua asas lépidas. Ele me deixou apenas dor — a dor! Lágrimas, lágrimas rolavam, rolavam de meus olhos. Ah! Cretenses! Filhos do monte Ida, apanhem suas flechas, venham ajudar-me, acorram com seus pés velozes e ataquem a casa! Ao mesmo tempo, que Ártemis, deusa dos bosques, percorra com sua malta os recantos mais recônditos! E você, Hecate, filha de Zeus, segure duas tochas com suas mãos ágeis e ilumine meu caminho até a casa de Glica, para que eu possa descobrir o latrocínio!"

DIÔNISO

Depois destes, chega de coros!

ÉSQUILO

Eu também já estou cheio deles. Agora quero conseguir uma balança; assim se julgará melhor a nossa poesia e o peso de nossas expressões.

DIÔNISO

Aproximem-se, então. Vou vender o gênio poético a peso, como se faz com o queijo.

ÉSQUILO e EURÍPIDES se colocam um ao lado esquerdo e o outro ao lado direito de DIÔNISO.

CORO

As pessoas de espírito têm grande quantidade de expedientes. Eis uma coisa singularmente maravilhosa, nunca ouvida nem vista; e que outra pessoa tê-la-ia imaginado? Realmente, se o primeiro que chegasse tivesse dito semelhante coisa, eu não teria acreditado nele; teria pensado que fosse uma brincadeira.

DIÔNISO

Vamos! Vamos para perto da balança!

ÉSQUILO e EURÍPIDES

Estamos aqui.

DIÔNISO

Que cada um recite um verso segurando-o, e não o solte antes de eu dizer: "Cuco"!

ÉSQUILO e EURÍPIDES

Vamos segurá-los.

DIÔNISO

Recitem um verso com a mão no prato da balança.

EURÍPIDES

"Ah! Se os deuses jamais tivessem querido que a nau *Argó* voasse sobre as ondas!"[95]

ÉSQUILO

"Rio Sperqueio, viçosas pastagens das novilhas!"[96]

DIÔNISO

Cuco! Relaxem; este último verso fez a balança descer muito mais!

EURÍPIDES

Por quê?

DIÔNISO

Porque ele se molhou no rio, como fazem os vendedores que molham a lã para ela pesar mais.

Dirigindo-se a EURÍPIDES.

Você trouxe um verso alado...

EURÍPIDES

Está bem. Que ele diga outro e pese.

DIÔNISO

Cheguem à balança mais uma vez.

ÉSQUILO e EURÍPIDES

Ela está aqui.

DIÔNISO

Recitem!

EURÍPIDES

"A eloqüência é o único templo da Persuasão."[97]

ÉSQUILO

"A Morte é a única divindade indiferente às dádivas."[98]

DIÔNISO

"Relaxem! Relaxem! Ésquilo venceu novamente. Ele pôs na balança a Morte, o mais pesado de todos os males.

EURÍPIDES

E eu com a Persuasão? Meu verso é ótimo!

DIÔNISO

Mas a Persuasão é lépida e não tem sentido. Procure outro verso de peso, que faça pender o prato da balança para o seu lado, um verso sólido, vigoroso.

EURÍPIDES

Deixe-me ver; onde tenho um desta espécie?

DIÔNISO

Onde? Eu mesmo digo: "Aquiles conseguiu no jogo de dados dois e quatro."[99] Fale você mesmo; esta é a última prova.

EURÍPIDES

"Sua mão pegou uma maçã pesada como o ferro."[100]

ÉSQUILO

"Carro sobre carro, cadáver sobre cadáver."[101]

DIÔNISO

Você foi vencido novamente, Eurípides.

EURÍPIDES

Mas, como?

DIÔNISO

Ele pôs dois carros e dois cadáveres na balança; é um peso que cem egípcios não levantariam.

ÉSQUILO

Que ele ponha na balança não mais um verso, e sim ele mesmo se ponha nela com seus filhos, sua mulher, Ctesifon e todos os seus livros; a tudo isto eu oporia dois versos meus.

Um escravo leva a balança; entra HADES.

DIÔNISO

Meus amigos, vou me abster de dar o veredito; não quero atrair o ódio de nenhum dos dois; acho um deles esperto, e o outro me encanta.

HADES

Dirigindo-se a DIÔNISO.

Então você não terá atingido o objetivo de sua viagem.

DIÔNISO

E se eu der o veredito?

HADES

Você poderá levar consigo de volta à vida aquele entre os dois que for seu preferido.

DIÔNISO

Muito obrigado! Tudo bem; então ouçam: vim procurar um poeta trágico aqui.

EURÍPIDES

Com que objetivo?

DIÔNISO

Para que Atenas, salva do perigo, mande representar novamente tragédias. Aquele entre vocês dois que der à cidade um bom conselho, eu levo comigo. E para começar, que pensam vocês dois de Alcibíades[102]? Agora ele está numa pior.

EURÍPIDES

Que pensam disto os atenienses?

DIÔNISO

O que eles pensam? Eles querem Alcibíades; ao mesmo tempo odeiam ele, mas não podem passar sem ele. Vocês dois devem dar sua opinião.

EURÍPIDES

Odeio um cidadão moroso na hora de servir à pátria e pronto para prejudicá-la, esperto consigo mesmo e inútil para a cidade.

DIÔNISO

Ótimo, por Poseidon! E você, Ésquilo, qual é a sua opinião?

ÉSQUILO

Não é prudente criar um filhote de leão numa cidade; quem fizer isto terá de obedecer aos caprichos da ferazinha.

DIÔNISO

Não sei mesmo qual será a minha opinião; um deles falou matreiramente, o outro claramente. Mas eu ainda faria aos dois uma pergunta sobre os meios de reanimar a vida da cidade.

EURÍPIDES

Isto significa atrelar Cinésias e Cleôcrito, como se o primeiro tivesse um par de asas, para que o sopro dos ventos o levasse através dos mares.[103]

DIÔNISO

Seria muito engraçado, mas que quer dizer isto?

EURÍPIDES

No caso de um combate naval eles teriam suas garrafinhas cheias de vinagre que jogariam nos olhos dos inimigos. Mas tenho outra idéia, que vou partilhar com vocês.

DIÔNISO

Fale.

EURÍPIDES

Confiamos naquilo de que desconfiamos, e evitamos aquilo em que confiamos.

DIÔNISO

Como? Não estou compreendendo. Fale de maneira menos doutoral e mais clara.

EURÍPIDES

Se os cidadãos que merecem agora nossa confiança se tornassem suspeitos a nós, e se empregássemos aqueles que deixamos na inatividade, a cidade estaria salva, pois se uns são a nossa perdição, os outros, fazendo o contrário, não nos salvariam?

DIÔNISO

Bravíssimo, Palamedes[104]! Ah! Homem perspicaz! Você descobriu tudo sozinho ou foi Cefisofon?

EURÍPIDES

Eu sozinho; as garrafinhas são de Cefisofon.[105]

DIÔNISO

E você, Ésquilo, que diz?

ÉSQUILO

Diga-me primeiro: quem é empregado pela cidade? Os cidadãos honestos?

DIÔNISO

Ela detesta os cidadãos honestos.

ÉSQUILO

Ela ama, então, os maus?

DIÔNISO

Nada disso; ela se serve deles por necessidade.

ÉSQUILO

Como se pode salvar uma cidade que não usa nem o tecido fino nem o estofo grosseiro de lã?

DIÔNISO

Descubra um meio de impedir que ela caia no abismo.

ÉSQUILO

Daqui a pouco lhe digo; aqui eu não quero.

DIÔNISO

Não mesmo? Dê aqui seus bons conselhos, e agora!

ÉSQUILO

Isto seria ver as cidades inimigas como vemos a nossa, e a nossa como as inimigas,[106] e nossas naus como nossas finanças, e nossas finanças como arruinadas.

DIÔNISO

Muito bem, mas o juiz come tudo sozinho.

HADES

Pronuncie-se, Diôniso!

DIÔNISO

A decisão é de vocês; quanto a mim, vou escolher aquele que me agrada mais.

EURÍPIDES

Fiel ao juramento que você fez de me levar com você, escolha seu amigo.

DIÔNISO

"Minha língua jurou"[107], mas escolho Ésquilo.

EURÍPIDES

Que fez você, criatura mais odiosa de todas?

DIÔNISO

Eu? Dei a vitória a Ésquilo. Por que não?

EURÍPIDES

Você ousa me olhar depois de um comportamento a tal ponto vergonhoso?

DIÔNISO

"Que há de vergonhoso, se não é este o pensamento dos espectadores?"[108]

EURÍPIDES

"Criatura cruel! Deixar-me-ão entre os mortos?"[109]

DIÔNISO

"Quem sabe se a vida não é a morte..."[110], a respiração um jantar, o sono uma cabeleira?

HADES

Venha ao meu palácio, Diôniso.

DIÔNISO

Para quê?

HADES

Para que eu possa tratá-lo tão bem como você merece antes da partida.

DIÔNISO

Isto é bem pensado; já não estou aborrecido com o que houve.

Entram todos no palácio de HADES.

CORO

Feliz o homem totalmente sábio! Milhares de provas atestam a veracidade desta afirmação. Este, por ter sido sábio, voltará a ver a sua casa, o que é uma vantagem para seus concidadãos, para seus parentes e seus amigos; ele deverá tudo à sua sapiência. É bom, então, não ficar perto de Sócrates conversando com ele, desdenhando a música e as partes mais importantes da arte trágica. É loucura perder tempo em conversas ociosas, em sutilezas frívolas.

Reaparecem DIÔNISO, HADES e ÉSQUILO.

HADES

Parta alegremente, Ésquilo; salve a sua pátria valendo-se de sábias lições, e cure os loucos (eles são numerosos).

Entregando uma espada a ÉSQUILO.

Leve isto a Cleofon[111]; isto[112] aos provedores do Tesouro, a Mírmex e a Nicômaco; isto[113] a Arquênomo. Diga-lhes para virem sem demora juntar-se a mim (depressa mesmo!). Se eles não vierem logo eu os agarro e os atiro com os pés e as mãos atados juntamente com Adêimanto[114], filho de Leucôlofo, na parte mais profunda do Inferno.

ÉSQUILO

Não deixarei de fazer tudo isto. Dê meu lugar a Sófocles, para que ele o guarde e preserve para mim se algum dia eu voltar para cá. Considero-o o mais importante poeta trágico depois de mim. Mas tenha muito cuidado para que aquele intrigante, aquele mentiroso, aquele charlatão[115] jamais venha a sentar-se em minha cadeira, ainda que seja pela força.

HADES

Vocês do Coro tratem de iluminá-lo com suas tochas sagradas, e lhe façam um cortejo cantando e tocando em sua honra seus hinos e suas melodias.

Organiza-se um cortejo para acompanhar ÉSQUILO.

CORO

Deuses infernais! Concedam primeiro ao poeta que volta à luz uma feliz viagem, e inspirem à cidade pensamentos salutares! Assim vocês porão fim a tantas desventuras e ao estrépito assustador das armas. Quanto a Cleofon e outros iguais a ele, que vão combater em sua própria pátria![116]

FIM

NOTAS

1. Este Frínico era um mau poeta cômico contemporâneo de Aristófanes. Lísias era outro poeta cômico contemporâneo, menos frio, como Ameipsias a seguir.

2. A batalha naval de Arginusas contra os lacedemônios no ano da estréia de *As rãs*; durante a batalha morreram inúmeros atenienses.

3. Somente mulheres usavam roupas de cor.

4. Clistenes era um homossexual da pior espécie, famoso na época em Atenas por sua devassidão.

5. A fala de Xantias indica a desconfiança dele em relação a Diôniso.

6. Tragédia de Eurípides.

7. Ironia de Aristófanes, porque Môlon era um ator cômico de estatura elevada.

8. Poeta trágico filho de Sófocles.

9. Poeta trágico e cômico contemporâneo de Sófocles e de Eurípides. Veja-se a comédia *Só para mulheres*, de Aristófanes, publicada em tradução por Jorge Zahar com mais duas comédias do mesmo autor.

10. A certa altura de sua vida Agaton foi para a corte de Arquêlaos, na Macedônia, lugar preferido pelos poetas da época por causa da generosidade do rei.

11. Xenoclés e Pitângelo eram poetas trágicos contemporâneos de Aristófanes.

12. Fragmentos de tragédias perdidas de Eurípides.

13. Heraclés era um símbolo da gula e do espírito simplório.

14. O recipiente onde se preparava a cicuta.

15. Alusão aos efeitos da cicuta.

16. Local onde se realizavam as corridas com tochas.

17. Alusão aos salários dos juízes em Atenas (Cf. *As vespas*), e dos cidadãos atenienses que iam votar.

18. Poeta trágico medíocre.

19. Cinésias era um poeta ditirâmbico, que incluía em suas obras danças frenéticas de coreutas.

20. Expressão popular para significar o que não existia.

21. Lugares distantes ou tenebrosos.

22. Expressão equivalente a "para o diabo".

23. Canto dos remadores em atividade.

24. De Nisa, terra natal de Diôniso.

25. Aqui as rãs param de coaxar.

26. Monstro lendário pavoroso, em forma de mulher.

27. Este é o verso 269 do *Orestes* de Eurípides. Pela maneira de pronunciar de Hegêloco o verso se torna ridículo. Toda a graça decorre da confusão no original entre *galén* (gato), e *galén'* (calmaria), em que há uma contração da letra final da palavra *galéne*.

28. Cf. nota 12.

29. Íaco era o nome do gênio que personificava o cortejo dos iniciados.

30. Provavelmente um poeta ditirâmbico da época.

31. Poeta cômico anterior a Aristófanes.

32. Torícion era um pedagogo na época de Aristófanes.

33. Chefe do partido popular em Atenas na época de Aristófanes.

34. Ou seja, os apáticos ou neutros de Atenas.

35. Calias, mencionado por Aristófanes em outras de suas peças, era um ateniense de péssima moral.

36. Provérbio para significar que se repete sempre a mesma coisa.

37. A deusa mencionada é Deméter.

38. Cérbero era o cão que guardava a entrada do Inferno.

39. As moréias do Tárteso davam mordidas mais cruéis que as de qualquer outro ser.

40. Títraso era um povoado da Ática.

41. Melite era um povoado da Ática.

42. Um dos Trinta Tiranos de Atenas, famoso por sua versatilidade.

43. Clêon, e Hipérbolo logo abaixo, eram políticos corruptos e influentes na época.

44. Precipício perto da Ágora de Atenas, onde se lançavam os criminosos condenados à morte.

45. Heraclés era filho de Alcmene.

46. Arquédemo era um contemporâneo de Aristófanes, de péssima reputação.

47. Entre os feitos de Heraclés estava o de ter furtado o cão Cérbero, guarda da entrada do Inferno, em sua descida anterior ao Inferno.

48. Em Atenas os escravos eram torturados para revelar os crimes dos donos.

49. O "cavalete" era um instrumento de tortura na Grécia antiga.

50. Povoado da Ática, onde havia um templo consagrado a Heraclés.

51. Poeta iâmbico do Século VI a.C.

52. General ateniense morto numa rebelião.

53. Este Frínico era um poeta trágico, anterior aos três grandes trágicos, que exaltava a oligarquia.

54. Personagem desconhecido.

55. Uma das ilhas Cíclades.

56. Pritaneu era o edifício público em que ficavam os mais altos magistrados de Atenas.

57. Supõe-se que Clidemides era filho de Sófocles.

58. Eurípides era filho de uma verdureira.

59. Fedra, a heroína do *Hipólito* de Eurípides.

60. Título e nome do herói de uma tragédia perdida de Ésquilo.

61. Cf. nota 53.

62. Duas das mais antigas tragédias de Ésquilo, das quais restam poucas referências e fragmentos.

63. Rio da Troas, na Ásia Menor (perto de Tróia).

64. Um ateniense extremamente feio e desagradável.

65. Um serviçal (ou, segundo outras menções, colaborador) de Eurípides.

66. Mais uma alusão à origem humilde de Eurípides.

67. Cicno e Mêmnon eram provavelmente personagens de peças perdidas de Eurípides.

68. Literalmente, "cheias do espírito de Ares" (o deus da guerra dos gregos).

69. "Iauoi" era um grito de júbilo.

70. Orfeu e Museu foram os poetas mais antigos da Grécia, ainda lendários.

71. General ateniense, no princípio atacado mas depois defendido por Aristófanes.

72. Dois heróis gregos da guerra de Tróia.

73. Personagens de tragédias de Eurípides, dominadas por amores mórbidos.

74. Afrodite, a Vênus dos latinos, era a deusa do amor para os gregos.

75. O grito ritmado dos marinheiros em atividade.

76. Nas corridas de tochas por ocasião da festa chamada Panatenéias, e nas festas de Hefesto e de Prometeu.

77. Bairro de Atenas onde havia um ginásio atlético.

78. A trilogia chamada *Oréstia* se compõe de *Agamêmnon*, *Coéforas* e *Eumênides*, e está publicada por Jorge Zahar Editor.

79. Verso da tragédia *Antígona* de Eurípides, da qual restam apenas fragmentos.

80. Um dos generais condenados por causa dos acontecimentos das Arginusas. Veja-se Tucídides, *História da Guerra do Peloponeso*, Livro VII, § 7.

81. Do prólogo da tragédia *Os Frígios*, de que restam apenas fragmentos.

82. Do prólogo da *Ifigênia em Táuris*.

83. Do prólogo da tragédia perdida *Melêagro*.

84. Ftia era a terra natal do herói Aquiles.

85. Trecho da tragédia *Os mirmidões*, da qual restam apenas fragmentos.

86. Sacerdotisas de Ártemis.

87. Citações do *Agamêmnon*.

88. Palavra sem qualquer sentido para ridicularizar o uso de palavras longas e bombásticas inventadas por Ésquilo.

89. Cf. nota 53.

90. Mêleto seria um dos acusadores de Sócrates no processo em que o filósofo recebeu a pena de morte.

91. Ou seja, bárbaras.

92. Mistura de trechos esparsos de Eurípides, sem qualquer conexão, tirados das tragédias *Hipsipile*, *Melêagro* (das quais só nos restam fragmentos), e paródia de trechos da *Ifigênia em Táuris*.

93. Provavelmente Cirene era uma prostituta contemporânea de Aristófanes.

94. Mania era a personificação da loucura.

95. Verso da *Medéia*.

96. Fragmento de peça desconhecida de Ésquilo.

97. Fragmento da *Antígona* de Eurípides.

98. Fragmento da *Níobe* de Ésquilo.

99. Alusão à tragédia perdida *Télefo*, onde o autor introduz personagens que jogam dados.

100. Fragmento do *Melêagro* de Eurípides.

101. Da tragédia *Glauco* de Ésquilo, de que restam somente fragmentos.

102. Na época da primeira encenação desta peça Alcibíades estava foragido de Atenas, mas alguns atenienses lutavam para vê-lo de volta.

103. Cinésias era famoso por sua magreza.

104. Palamedes foi um herói grego famoso por sua capacidade de persuasão.

105. Cf. nota 66.

106. Este conselho é atribuído ao famoso político ateniense Péricles.

107. Parte de um verso de Eurípides no *Hipólito*; o resto do verso é: "... mas não meu coração."

108. Paródia de um verso de *Éolo* de Eurípides, tragédia da qual só nos restam fragmentos.

109. Aparentemente a paródia de um verso de tragédia de autor desconhecido ou do próprio Eurípides.

110. Trecho da tragédia perdida *Poliído* de Eurípides, da qual restam apenas fragmentos. O restante do verso é "... e a morte a vida?". A parte final ("a respiração um jantar, o sono uma cabeleira") é de autoria do próprio Aristófanes e não tem sentido propositalmente.

111. As outras pessoas mencionadas por Hades a seguir eram intrigantes. Cleofon era um estrangeiro e se opunha à paz, e rejeitou as propostas do embaixador de Esparta em Atenas.

112. "Isto" aqui são laços de corda para enforcamento.

113. "Isto" aqui é uma taça com cicuta.

114. Um estrangeiro comandante de parte das forças navais atenienses.

115. Todos estes adjetivos são para Eurípides.

116. Ou seja, na Trácia, ainda bárbara na época, onde nasceu Cleofon, que se fazia passar por ateniense.

Trabalhos publicados por Mário da Gama Kury

1. *Dicionário de mitologia grega e romana*, Rio de Janeiro, Jorge Zahar, 7ª ed., 2003.
2. "O grego no 2º milênio a.C.", in *Revista Filológica*, n.7, 1957.
3. Introdução à *Oração da coroa* de Demóstenes, na tradução de Adelino Capistrano, Rio de Janeiro, Edições de Ouro, 1965.
4. Introdução às *Vidas de Alexandre e César* de Plútarcos, na tradução de Hélio Veiga, Rio de Janeiro, Edições de Ouro, 1965.

Traduções do grego com introdução e notas

5. Aristófanes, *As nuvens*, *Só para mulheres*, *Um deus chamado dinheiro*, Rio de Janeiro, Jorge Zahar, 3ª ed., 2003.
6. Aristófanes, *As vespas*, *As aves*, *As rãs*, Rio de Janeiro, Jorge Zahar, 3ª ed., 2004.
7. Aristófanes, *A greve do sexo* e *A revolução das mulheres*, Rio de Janeiro, Jorge Zahar, 5ª ed., 2002.
8. Marco Aurélio, *Meditações*, Rio de Janeiro, Edições de Ouro, 1967.
9. Aristófanes, *A paz* — Menandro, *O misantropo*, Rio de Janeiro, Edições de Ouro, 1968.
10. Tucídides, *História da guerra do Peloponeso*, Brasília, Editora UnB, 3ª ed., 1988.
11. Aristóteles, *Política*, Brasília, Editora UnB, 1985.
12. Aristóteles, *Ética a Nicômacos*, Brasília, Editora UnB, 1985.
13. Políbios, *História*, Brasília, Editora UnB, 2ª ed., 1988.
14. Herôdotos, *História*, Brasília, Editora UnB, 2ª ed., 1988.
15. Diôgenes Laêrtios, *Vidas e doutrinas dos filósofos ilustres*, Brasília, Editora UnB, 1988.
16. Sófocles, *A trilogia tebana* — *Édipo Rei*, *Édipo em Colono*, *Antígona*, Rio de Janeiro, Jorge Zahar, 10ª ed., 2002.
17. Ésquilo, *Oréstia* — *Agamêmnon*, *Coéforas*, *Eumênides*, Rio de Janeiro, Jorge Zahar, 6ª ed., 2003.
18. Eurípides, *Medéia*, *Hipólito*, *As Troianas*, Rio de Janeiro, Jorge Zahar, 5ª ed., 2001.
19. Ésquilo, *Os persas* — Sófocles, *Electra* — Eurípides, *Hécuba*, Rio de Janeiro, Jorge Zahar, 5ª ed., 2004.
20. Eurípides, *Ifigênia em Áulis*, *As fenícias*, *As bacantes*, Rio de Janeiro, Jorge Zahar, 4ª ed., 2002.
21. Ésquilo, *Prometeu acorrentado* — Sófocles, *Ájax* — Eurípides, *Alceste*, Rio de Janeiro, Jorge Zahar, 5ª ed., 2004.

Outras traduções

22. Jacqueline de Romilly, *Fundamentos de literatura grega*, Rio de Janeiro, Jorge Zahar, 1984.
23. Sir Paul Harvey, *Dicionário Oxford de literatura clássica grega e latina*, Rio de Janeiro, Jorge Zahar, 1987.
24. Marcel Detienne, *A escrita de Orfeu*, Rio de Janeiro, Jorge Zahar, 1991.
25. J.V. Luce, *Curso de filosofia grega*, Rio de Janeiro, Jorge Zahar, 1994.